EL CAMINO DEL ÉXITO

DANIEL PÉREZ

www.caminodelexito.guiaburros.es

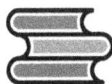

EDITATUM

Si después de leer este libro, lo ha considerado como útil e interesante, le agradeceríamos que hiciera sobre él una **reseña honesta en Amazon** y nos enviara un e-mail a **opiniones@ guiaburros.es** para poder, desde la editorial, enviarle **como regalo otro libro de nuestra colección.**

Si en estas páginas se atisban retazos de sabiduría se debe, sin duda alguna, al tiempo que pasé aprendiendo de grandes profesores y maestros como Vidal Martínez, Guillermo Sánchez, Fernando Parra, Jerónimo Molina, Pedro Villamarzo, Jean Ambrosí, José María Morales Meseguer, Lanza del Vasto y Doménico Douaddy, entre otros. Vaya mi más profundo agradecimiento a todos ellos y, especialmente, a mis padres Daniel y Ramona, educadores de calidad.

Así mismo siento agradecimiento por todos los vecinos de mi pueblo, Yeste. Me vieron crecer, alejarme para ampliar mi formación y regresar de tiempo en tiempo. Siempre estaré dispuesto para ellos.

A Monchi, mi hermana, que siempre sabe permanecer cerca. A Francisca, Mari Carmen Monzonís y Ami, aplicadas alumnas en su tiempo y actuales colegas; sus apuntes, aportaciones y sugerencias han posibilitado que salgan ahora estas páginas.

A Miguel Escrivá, cuya colaboración ha hecho posible este libro.

Sobre el Autor

Daniel Pérez nació en Yeste (Albacete). Es psicólogo por la Universidad Complutense de Madrid, y jefe de servicio y director de programas en la Comunidad Autónoma de Murcia.

Es autor y profesor de cursos sobre Técnicas de Investigación en Desarrollo Personal, y ejerce como psicoterapeuta individual y de grupos. Es asesor personal de directivos de empresa y formador en máster de Psicología Clínica, así como ponente a nivel nacional e internacional en temas relacionados con el desarrollo humano.

Fue cofundador de la primera comunidad "No-violencia activa" en España junto a Lanza del Vasto, discípulo de Gandhi.

Fue fundador y director del centro de Psicología aplicada "Espacio Humano" de Murcia.

Es autor de *GuíaBurros La vida se graba en el cuerpo* y *GuíaBurros El arte de educar* publicados en esta misma editorial.

Índice

Ver donde otros no ven
(Adaptación del autor de un texto anónimo)

Esto es para los inconformes,
los rebeldes,
los polémicos.
Para los que van contra la corriente.
Para los que ven las cosas de una manera distinta.

Puedes alabarlos, estar en desacuerdo con ellos,
citarlos, glorificarlos o condenarlos.
Lo único que no puedes hacer es ignorarlos,
pues ellos son los que cambian las cosas.

Inventan, imaginan, curan,
exploran, crean, inspiran...
Ellos impulsan a la humanidad hacia adelante.
A lo mejor tienen que ser un tanto extraños,
si no, ¿cómo serían capaces de observar un lienzo vacío
y ver en él una obra de arte?
o ¿cómo podrían sentarse en silencio y escuchar
una canción que aún no se ha escrito?

Y mientras algunos los ven como locos,
nosotros podemos percibirlos como genios.
Solo los osados que creen que pueden cambiar el mundo
son capaces de hacerlo.

¿De qué manera se pueden cambiar las cosas si no es
arriesgando, innovando
o viendo donde otros no ven?

Preámbulo

A lo largo de mi trayectoria profesional me he encontrado con personas que consideraban que su vida carecía de sentido, al menos aparentemente. Gente que creía saber de dónde procedía y cuál era su destino pero, poco a poco o bruscamente, perdió de vista sus raíces, desapareciendo así su enfoque de futuro.

Tales hechos inducen a la siguiente reflexión: cada Ser Humano ha de vivir su propia vida en pos de un provenir atractivo usando todos los medios que estén a su disposición. Pero no todo el mundo tiene acceso a los principios y herramientas que posibilitan una mejor realización personal.

Por todo ello, me he planteado la labor de divulgar los conocimientos y vivencias que considero fundamentales a la hora de desarrollarnos profesional y personalmente con éxito.

La elaboración de este aprendizaje adquirido, ha dado lugar a un modelo de intervención que facilitará a los individuos conocerse, aceptarse, saber dónde dirigirse y, en definitiva, dar sentido a sus vidas.

Esta manera personal de estructurar la intervención posibilita que cada cual, retomando su conflicto desde el origen, acabe siendo el protagonista de su propia historia.

A raíz de esta exposición me vienen a la memoria profesores y autores que han sido verdaderos maestros para mí. Y así, mis recuerdos me llevan a Sigmund Freud y a los años que dediqué a profundizar en su obra. Él me abrió el vasto campo de la estructura de la personalidad. En este aprendizaje, fue básica la ayuda del psiquiatra Jerónimo Molina, cuya muerte supuso una importante pérdida. Recibí otro gran apoyo del Doctor en Psicología Pedro Villamarzo, quien me guió a la hora de asimilar la obra de Freud y la escuela psicoanalítica.

La obra de Perls, me introdujo de lleno en el estudio de las formas, un mundo rico y apasionante. Gracias a aquel aprendizaje tomé conciencia de que la complementariedad en psicología era factible y que cada profesional es capaz de estructurar una síntesis personal de todos los conocimientos adquiridos. Así comprobé que el psicodrama, técnica a la que dediqué varios años, podría ser un ejemplo de esa complementariedad. El hecho de conocer diferentes escuelas psicológicas no implica, necesariamente, unirse a una de ellas y desdeñar el resto.

El no excluir corrientes psicológicas me llevó a adentrarme en los mensajes corporales y en la riqueza de las expresiones gestuales de Wilhelm Reich y su novedoso contexto bioenergético. Era un campo de conocimiento que se imponía y ante el que no podía, ni deseaba, cerrar los ojos.

Apareció también Carl Rogers, en cuya obra sentí enseguida un imperioso deseo de adentrarme. Recurrí a este autor con frecuencia para confirmar los planteamientos que iba consolidando.

En esa misma etapa (1977-78), tuve la oportunidad de conocer al profesor Jean Ambrosí y su peculiar y atractivo método terapéutico. De este modo descubrí la Psicología Humanista y nuevas formas de desempeñarme como psicólogo.

Rondaba el año 1980 cuando, fruto de estar junto a personas que quieren disfrutar de la vida y comprometerse con ella, me encontré con otro brillante y extraordinario maestro: Lanza del Vasto, discípulo a su vez de Gandhi y propulsor de la "No-violencia activa" en Europa.

Mi colaboración en proyectos de atención a colectivos marginales desde el ámbito de instituciones públicas (ayuntamiento y administración regional) han añadido a mi manera de trabajar una visión más amplia sobre el desarrollo humano. Conceptos como comunitario, bien común, colectividad, servicios sociales, grupo, clan, familia, pueblo o barrio han cobrado fuerza y significado para mí. Lo común contradice lo individual. Lo pluriforme no se opone a lo singular. El todo no se riñe con las partes.

Retomo de nuevo las primeras frases de este escrito para afianzar mi compromiso de comunicar lo aprendido.

En esta nueva etapa vital, tras muchas horas como alumno, muchas dudas resueltas, tantos días intensos y tantas vivencias a veces difíciles de entender o de asumir, sigo convencido de que la vida merece la pena.

Como para un eterno aprendiz, cada respiración suena a milagro, cada latido emociona y cada momento sigue siendo otra oportunidad creativa. De ahí mi deseo de transmitir lo aprendido, lógica aportación de una persona agradecida. Y por eso, también mi atrevimiento al intentar comunicar estos conceptos a pesar de mi escaso entrenamiento literario.

Introducción

Nos corresponde una importante tarea: saber qué hacer para realizar nuestro mayor cometido, que es alcanzar satisfacción personal de forma continua.

Ante tal cometido, se aceleran las preguntas, pues muchas son las dudas y desconfianzas. No creemos que sea posible para nosotros una satisfacción continua, pues para tener seguridad sobre algo hay que haberlo conocido previamente. No podemos entender nada que no hayamos experimentado con anterioridad. Como mucho, en estas condiciones, podríamos aspirar a intuir mentalmente en qué consiste ese bienestar o imaginar que otros lo hayan vivido.

La satisfacción personal ha de experimentarse, tenemos que sentirla, notarla en nuestra propia piel; no basta con aceptar determinados planteamientos teóricos, sean propios o ajenos. El desarrollo humano se ve, se escucha, se toca; pertenece al campo de la vida sensitiva y exige la emoción de ser sentido. Es posible apropiarse de este bienestar, pues solo precisa ser experimentado.

De nuestra piel hacia dentro decidimos nosotros; de nadie más depende nuestro disfrute. Por tanto hemos de abrir bien nuestra mente, nuestro cuerpo y nuestro corazón y acostumbrarnos a escucharlos. También deberemos de acercarnos a aquellas personas que irradien bienestar, observar qué hacen y aplicarlo en nosotros.

Vamos a conocer los medios necesarios para sentirnos bien. Mejor dicho, vamos a reconocerlos en nosotros mismos, pues siempre han estado, y estarán, con nosotros. Es posible que lo que nos haya sucedido es que, al no tomar conciencia de que eran necesarios, no les hayamos dado la importancia que se merecen y por ello no los hayamos incorporado a nuestras vidas en la medida que nos conviene.

Todos los seres humanos aspiran al máximo bienestar y tienen la capacidad de conseguirlo. No es una fantasía, no es una quimera. Si creemos que la plenitud nos pertenece, es porque de alguna forma, aunque escondida, la notamos en nosotros. Si creemos que el bienestar personal nos puede estar esperando, hemos de ir a su encuentro.

Capítulo I

La percepción

Si pretendemos aspirar a nuestro máximo bienestar personal, no está de más recordar qué significa ser persona. Un Ser Humano no puede ser lo que a cada quien le parezca.

Es posible que cada cual entienda al Ser Humano a través del prisma de sus propias vivencias. Pues bien, una cosa es lo que somos, y otra la utilidad que hacemos de nosotros mismos.

Por determinadas circunstancias, los seres humanos no se sitúan a veces en lo verdadero, y en lugar de ver la vida tal y como es, la perciben de forma subjetiva, filtrándola a través de sus experiencias personales. Debido a la subjetividad de dichas experiencias, no es nada fuera de lo común que las maneras de percibir el mundo de unos choquen con las de otros. De esta multiplicidad de visiones surge la dificultad para comprender la realidad ajena, lo que propicia la falta de entendimiento. La distinta interpretación que hacemos de las cosas tiene que darnos un motivo para reflexionar sobre el propio punto de vista y el de los demás. Puede ser que diferentes personas viendo a la vez un mismo objeto, o viviendo una situación idéntica, no perciban lo mismo, e incluso es también posible que nosotros mismos no veamos el mismo acontecimiento de igual manera siempre.

En ocasiones, nos cerramos ante lo que otros dicen negando así las aportaciones del exterior que no concuerdan con las nuestras. De este modo perdemos valiosísimas oportunidades de seguir aprendiendo, creciendo y respetando a los demás. Asentarnos en la propia realidad puede dificultarnos comprender la ajena, propiciar falta de entendimiento y limitar nuestra experiencia vital. Esto ocurre porque necesitamos tener la seguridad de que lo que pensamos es verdad, de que estamos en lo cierto. Las realidades personales son múltiples. Cada persona según su criterio se cree poseedora de la verdad. Cerrarse a otras visiones del mundo puede suponer un impedimento al aprendizaje y al crecimiento (entendiendo por aprendizaje la introducción progresiva de conceptos de verdad y por crecimiento la puesta en práctica de tales aprendizajes).

El crecimiento personal consiste en desarrollar elementos de verdad (necesarios) en todos los niveles de la personalidad:

1. Físico: descansar, alimentarse adecuadamente, respirar, etc.
2. Afectivo: recibir, intercambiar afectos, caricias, etc.
3. Intelectual: instruirse, estructurarse, recibir orientación, etc.
4. Espiritual: conectar con la dignidad personal, etc.

Estas consideraciones nos llevan a adentrarnos en lo que entendemos por percepción.

Verdad y realidad

Todos hemos oído, desde que éramos niños, que había que decir siempre la verdad, pero al ir creciendo nos dimos cuenta de que no todo el mundo tiene el mismo concepto de verdad. Cada cual percibe las cosas a su modo y conforme a dichas percepciones opina, provocando de esta manera que el concepto de verdad nos resulte cada vez más confuso.

Hemos llegado a creer que la verdad no es universal e inamovible, sino que debe depender de otras cosas como:

— "Que las cosas son según el punto de vista de cada uno ..."

— "Que depende del momento en que te encuentres..."

Todo ello, nos ha podido llevar a creer que la verdad sea lo que cada uno percibe de forma individual. Incluso hemos llegado a escuchar que cada persona tiene su propia verdad, cuando lo cierto es que todos los objetos y situaciones tienen una esencia propia y unos fines que los hacen únicos.

La percepción es el acto por el cual los sentidos captan lo que nos rodea y lo graban en nuestro cerebro.

Gracias a los datos captados por la percepción, al entrar en relación con otras personas, podemos reconocer situaciones parecidas y aceptarlas. Esto ocurre porque necesitamos tener la certeza de que nuestras percepciones son válidas

La forma diferente que tenemos de percibir un objeto o situación, con sus características peculiares, es lo que entendemos como realidad. Por tanto, la percepción de cada situación está condicionada por la subjetividad de cada individuo y, por muy objetivos que parezcan los hechos, siempre están sujetos a interpretación personal. Nos fijamos en aspectos puntuales, y a partir de esta visión parcial emitimos nuestros juicios y opiniones, comparando lo vivido en ese momento con experiencias anteriores, siendo conscientes de que nuestra visión de las cosas difiere de la visión de otras personas. De ahí que la impresión particular de lo que percibimos pueda propiciar falta de entendimiento con otros.

Cada uno ve lo que es capaz de ver y siente en función de la reacción provocada por la información que recibe, por eso podemos afirmar de manera coloquial que "cada uno ve lo que ve" y "siente lo que siente". Nuestra naturaleza está configurada para que, al percibir, captemos de forma singular y única, pues cada uno de nosotros tiene una manera peculiar de fijarse en lo que se observa o de sentirse afectado en relación a la información recibida, dando lugar a una percepción diferente o a una realidad concreta.

Así pues, podemos afirmar que la percepción es única para cada sujeto que observa y depende del momento en que se encuentre. Debido a esto se hace muy difícil que se lleguen a acuerdos, a no ser que, más allá de la percepción de cada persona (realidad), exista algo que pertenezca a la esencia de cada situación u objeto observado y permita que todos captemos lo mismo (verdad). Para acceder a la verdad hemos de observar sin juicio.

La verdad es universal y demostrable; no depende de opiniones. La verdad es la vida tal como es, mientras que la realidad es la vida tal y como la persona la percibe. La verdad ha de ser válida para todas las culturas y para todas las personas, pues es invariable; da seguridad. En la verdad no se sufre. La verdad no depende de la visión de quien la contempla. Cada momento, cada cosa, cada instante, tiene su verdad, a la que deberíamos acercarnos de forma directa y transparente viéndola tal como es, al margen de las percepciones.

No todas las cosas encierran una verdad universal. Por ejemplo, las modas, los gustos y las aficiones pertenecen a la propia singularidad de cada individuo, o grupo, y conforman la diferencia.

A menudo sabemos que estamos ante la verdad porque se manifiesta inequívocamente como tal y nos damos cuenta de que es incuestionable.

Para acercarnos a la verdad, habrá que atenerse a los principios de:

- **Universalidad**: cuando cualquier situación, actuación u objeto se considera de la misma manera en cualquier lugar y por cualquier cultura.
- **Evidencia y demostrabilidad**: cuando se contempla siempre como razonablemente lógico.
- **Atemporalidad**: cuando permanece invariable a pesar de las influencias del paso del tiempo.

Por ejemplo, si decimos que un Ser Humano necesita alimentarse, estamos ante un concepto de verdad válido en el ámbito universal, pues es evidente para cualquier cultura y en cualquier época. La mayor o menor cantidad o el tipo de alimentos es opinable, depende de la cultura, características del individuo, etc. y pertenecería a la realidad de cada grupo de convivencia, dando lugar a opiniones diferentes.

La verdad es necesaria

Hay que entender la diferencia entre necesaria y conveniente. Convenientes pueden ser cosas que, según la realidad de cada uno, pueden mejorar la calidad de vida. En cambio, necesarias son aquellas cosas sin las cuales la persona no puede vivir adecuadamente o estar satisfecha.

Podemos decir, por tanto, que cada situación concreta tiene su verdad y que la percepción de esta puede variar dependiendo de la realidad y el momento en los que se desenvuelva el individuo

De igual forma, podremos afirmar que la vida es como es y que "lo que es, es" al margen de cómo se perciba, que cada momento y cada objeto tienen su auténtica forma de existir, su esencia, su verdad y que la variedad de percepciones dependen de las realidades de los sujetos perceptores.

Así pues, la verdad no depende de la visión de quien la contempla. Cada momento, cada objeto, cada instante, tiene su verdad, a la que deberíamos acercarnos de forma directa y transparente viéndola tal como es, al margen de cómo se perciba. A la verdad se accede con mayor facilidad a través de un referente que facilite su percepción (asesor, orientador, guía, indicador).

La verdad es universal y, por tanto, no pertenece al campo de la opinión, pues el hecho de que una opinión sea percibida de igual manera por una mayoría de personas, o incluso por todo un grupo, no garantiza su validez.

En ocasiones nos negamos a aceptar lo que otros dicen e ignoramos las aportaciones que no concuerdan con las nuestras, lo que puede dar lugar a perder consideraciones valiosas aportadas por otras personas con percepciones diferentes.

Hagamos un esfuerzo por conocer, sin equívocos, la verdad de todo aquello que observemos y por no conformarnos solo con lo que en principio nos pueda parecer. Si tenemos que investigar, investiguemos, si tenemos que ir despacio pues caminemos más lentos. Pero vayamos sobre seguro.

Verdad/evidencia

Propiedad que tiene todo objeto o situación de mantenerse siempre igual sin mutación alguna.

Juicio o proposición que no se puede negar racionalmente.

Certeza perceptible e innegable.

- Se manifiesta:
Universal.	Demostrable.
Incuestionable.	Inequívoca.
Invariable.	Única.
Objetiva.	

- Es la vida tal como es, independiente de quien la contemple.

- Se revela cuando estamos preparados para percibirla y es necesaria para el desarrollo personal.

En definitiva, es necesario situarse en la verdad de las cosas, pues solo así se tendrá un enfoque correcto de las diversas situaciones, emergiendo la seguridad como consecuencia.

Realidad/opinión

Percepción personal de la vida.

Múltiple y cambiante; depende de la subjetividad personal (aficiones, gustos, modas...) y de cada situación (grupo de convivencia, origen cultural, capacidades, nivel de instrucción, experiencias, creencias...)

- Las cosas pueden no ser lo que en principio parecen.
- La actitud personal puede modificar la impresión de las cosas.
- La realidad que percibimos responde a la siguiente fórmula:

Capacidades + Experiencias + Instrucción = Realidad

En conclusión: procuremos percibir la vida tal como es, y a su vez démosle el punto de color que en su momento nos apetezca, pues siempre podremos añadirle nuestro enfoque personal.

Mirando a nuestro alrededor, observando sin juicio previo, esperando que poco a poco llegue la verdad de lo que observamos, dejemos que lo evidente se manifieste. Tomémonos el tiempo que sea necesario hasta comprobar que sabemos a ciencia cierta qué es lo que observamos, pues existe conexión entre ciertos hechos que en principio no tienen relación aparente.

Si no podemos permanecer mucho tiempo y lo evidente no se manifiesta, volvamos a ello de vez en cuando hasta que esa situación emerja en su verdad o solicitemos información de personas experimentadas.

Así podremos diferenciar lo que la vida es, al margen de que al contemplarla en su desnudez algunas de sus facetas puedan no gustarnos. La certeza de observar las cosas y percibir como son no garantiza que agraden, pero asegura un camino firme por donde avanzar sin peligro de errores ni malentendidos.

De ahí lo interesante de saber que en nuestra vida, aunque sea semejante a otras e incluso haya momentos que parezcan repetidos, nada es lo mismo que lo anterior, todo es nuevo, cada acción es innovadora, cada acontecimiento es irrepetible. Somos arquitectos y creadores de cada momento de nuestra vida, todo lo que nos queda por vivir está por hacer y somos sus artífices.

La evidencia es una buena compañera de viaje. Su presencia garantiza no tener que retroceder jamás. Percibiendo la verdad y atreviéndonos a realizarla en nuestra vida, en nosotros y en nuestro entorno, podremos ejercer en la libertad con que nacimos, pues la verdad unifica y desarrolla en libertad.

Ejemplos

Para poder captar mejor lo anteriormente expuesto, observaremos los siguientes ejemplos que facilitarán la comprensión de lo que entendemos por percepción en cuanto a la verdad-evidencia y la realidad-opinión.

Anciana – joven (Cognac)

— ¿Se ve una mujer?

— ¿De qué edad?

A menudo, cuando se muestra esta imagen de Cognac pueden surgir divergencias en torno a la percepción de la edad de la mujer representada. Hay quienes dirán que perciben una joven con collar y otros que señalarán que, donde los primeros vieron el collar, ellos ven la boca de una anciana. Pero cuando se observa durante un tiempo más largo, todos acaban entendiendo la visión que tenían los otros y pueden observar durante unos instantes a la mujer joven y durante otros a la anciana, todo dependiendo del punto de vista y del enfoque.

Si trasladamos esta percepción a otros aspectos de la vida, es posible que tengamos que reflexionar sobre la influencia de los acontecimientos vividos en relación con la familia, el colegio, los amigos y la educación recibida, los cuales, sin duda, condicionan nuestra forma de ver las diferentes situaciones. Este condicionamiento influirá en nuestras actitudes y comportamientos.

En la comunicación de grupo, en situaciones que están poco estructuradas, suele aparecer muy pronto la falta de entendimiento, el enfado y la frustración por la manera de ser del otro o por su singular modo de percibir las cosas.

Los hechos que se consideran objetivos, pero que sin embargo están sujetos a distinta interpretación, pueden dar pie para reflexionar sobre los propios puntos de vista y sobre un trato más respetuoso hacia la otredad.

Objetivos:

• Admitir que se dan distintas percepciones.
• Adquirir conciencia de que reaccionamos según la forma en que percibimos.

Evaluación:

• ¿Se hace transparente la doble estimulación de la imagen reversible?
• ¿Se producen malentendidos?
• ¿Estoy dispuesto/a a escuchar la percepción del otro?
• ¿Por qué tiene que ser, exclusivamente, mi punto de vista el correcto?

- ¿Veo el problema resuelto por mi parte y no admito la solución del otro?
- ¿Escucho sus razonamientos dejando a mi interlocutor explicar sus puntos de vista?
- ¿Sé escuchar a otra persona?
- ¿Me precipito al exponer mis conclusiones?
- ¿Veo todos los ángulos de cada situación?
- ¿Reconsidero mis puntos de vista?

Cubo

— ¿Qué se ve?

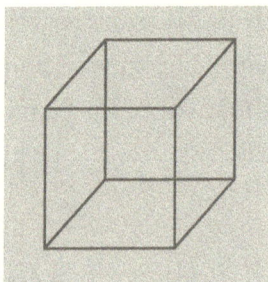

Este dibujo es la representación de un cubo en un plano, pero no es fácil que a primera vista lo percibamos como tal: líneas superpuestas sin volumen (que es lo que realmente es). Es posible que lo percibamos como si tuviera volumen, con una cara más adelantada y otra al fondo. Al cabo de un rato puede aparecer más adelantada la cara que anteriormente se veía al fondo, como si el cubo se moviera a su voluntad. Sin embargo somos nosotros mismos, según enfoquemos a un punto u otro del dibujo, los que hacemos que cambie la forma de percibirlo.

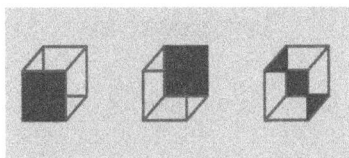

Percibimos, aunque seamos conscientes de ello, con volumen lo que es plano. Seamos igualmente capaces de ver cada acontecimiento de la vida tal como en verdad se produce al margen de lo que pudiera parecer en un principio.

Taza

— ¿Qué se ve?

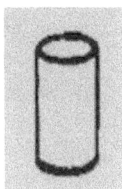

— ¿Y ahora?

No sólo importa la calidad de percepción sino la situación desde donde se observa.

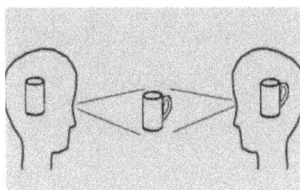

31

Temperatura

— A los 20°C, ¿hace frío o calor?

Será opinable en relación a lo que experimente cada persona según el momento en que se encuentre: llegar de correr durante media hora a pleno sol, venir de la calle con una temperatura de 35° o con una temperatura bajo cero, tener fiebre, llegar muy abrigado, etc.

Verdad: temperatura de 20°C en una sala

Realidad: sensación de frío o calor personal.

Conclusiones

Este tipo de ejemplos:

- Nos ayudan a salir de situaciones de ensimismamiento y a situarnos en el aquí y ahora.
- Ponen de manifiesto la satisfacción que sigue a la resolución de problemas.
- Reflejan con frecuencia el grado de tolerancia para con nosotros mismos y los demás.
- Reflejan la capacidad de escuchar y aceptar la opinión de otros.

- Parece conveniente mostrarse tolerante con los demás y con nosotros mismos, a la espera de encontrarnos con la verdad de cada situación. El esfuerzo por concordar no debe hacerse estando pendiente de los demás, sino de nosotros mismos.

Capítulo II

Configuración del Ser humano

Como ya hemos dicho, la percepción nos permite captar la evidencia o esencia de lo observado, a pesar del condicionamiento que suponen las capacidades individuales, tanto a nivel físico como intelectual y afectivo, así como las experiencias vividas y la instrucción recibida hasta el momento.

Pasemos ahora a contemplar los principios de realidad y verdad en el Ser Humano. Lo que en el Ser Humano consideramos común nos hace iguales. En este caso, lo que nos iguala tendría que ver con lo que entendemos por Ser y sus características de esencia, mientras que nos diferencia sería lo que entendemos por humano o estructura de la personalidad.

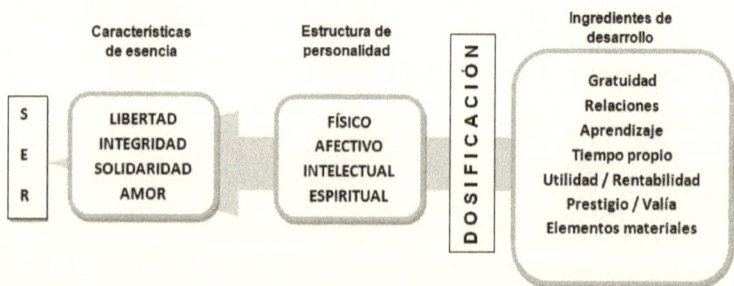

Características de esencia	Estructura de personalidad	D O S I F I C A C I Ó N	Ingredientes de desarrollo
S E R	LIBERTAD INTEGRIDAD SOLIDARIDAD AMOR	FÍSICO AFECTIVO INTELECTUAL ESPIRITUAL	Gratuidad Relaciones Aprendizaje Tiempo propio Utilidad / Rentabilidad Prestigio / Valía Elementos materiales

PLANILLA DE CONFIGURACIÓN DEL SER HUMANO

El Ser

Cuando nos referimos a un Ser Humano, estamos hablando de un sujeto que se configura en una serie de elementos que a su vez forman parte de una misma unidad.

De una parte hemos de plantearnos qué se entiende por Ser, teniendo en cuenta que el hecho de ser nos vincula a una energía de la que participan todos los seres que configuran el universo. El Ser, por tanto, se encuentra en la vida mineral, en la vida vegetal, en la vida animal, en la vida racional y en la vida transcendente, pues se ha de tener en cuenta que el universo está configurado por diferentes tipos de vida. Podemos decir que la esencia de cada Ser Humano es un conjunto de potencialidades de carácter intangible.

La manifestación del Ser en lo humano tiene que ver con lo que Antonio Blay denomina el "yo central". Este Ser solo puede expresarse desde las características universales que nos igualan a todos, porque la esencia humana es *una* y siempre tiene carácter positivo. Como ejemplo podríamos decir que todos somos de una "misma especie".

La vida humana se configura por tanto como un sumatorio de todos los tipos de vida que se enumeran a continuación:

- Vida mineral: es la energía o estructura más densa que nos configura. Tiene que ver con la materia, lo puramente físico, lo sensitivo y lo orgánico.

35

- Vida vegetal: trata de tomar conciencia de la vivencia de la propia vida, de notar que somos seres vivos al igual que las plantas (materia orgánica).

- Vida animal: tiene que ver con el mundo de los instintos; una energía bioquímica relacionada con el mundo de la procreación, del placer, del impulso reactivo y de la protección.

- Vida emocional: está relacionada con todo lo referente a sentimientos, afectos y emociones que dan lugar a la vivacidad del día a día. Es la "chispa" de arriesgarse a vivir.

- Vida racional: es el mundo de la estructura mental donde se impone la evidencia. Tiene que ver con la planificación y la razón que orientan la acción y posibilitan el dominio de los instintos, lo orgánico y lo afectivo.

- Vida trascendente: es la consciencia de que somos seres libres, íntegros, solidarios y en amor y de que nos pertenece la verdad.

- Vida espiritual: es la energía más sutil que, unida a los diferentes tipos de vida que configuran al Ser Humano, nos hace experimentar la vivencia de la unión con el todo universal.

Características de esencia

No acedemos a esta esencia directamente porque no podemos verla o sentirla, pero sí podemos percibirla a través de sus manifestaciones. Libertad, integridad, solidaridad y amor son las características de esencia de dichas manifestaciones.

Libertad

En primer lugar emerge la convicción de que somos libres por naturaleza. La libertad es quizá el valor que con más frecuencia se maneja en la sociedad. Es un valor que se ansía, se defiende y se proclama constantemente; por tanto, no puede ser algo que haya que ganarse con esfuerzo.

Hemos crecido en un contexto donde se nos enseñaba que la libertad hay que ganársela y que debemos mostrar agradecimiento a quien nos la ofrece, como si la libertad tuviera dueño y nosotros dependiéramos de un amo que nos la puede conceder en función de méritos adquiridos.

La libertad es congénita, pertenece a nuestra esencia. Cualquiera puede afirmar con rotundidad y con justicia que es libre. Por todo ello, la libertad es entendida como el derecho que tiene todo Ser Humano a ser el único responsable de sus actos y a exigir que se nos permita ejercerla. Sólo es patrimonio de nosotros mismos y, por tanto, es una de las grandezas de ser humanos; solo haciendo uso de nuestra libertad podemos reivindicar nuestra humanidad. No sentir lo que nos corresponde por naturaleza es dejar de ser quienes somos.

No es suficiente con sabernos libres, tenemos que experimentarlo en el corazón y en la piel. No nacimos para conseguir la libertad, sino que exigimos ejercer la libertad con la que nacimos.

La libertad es el derecho de los pueblos a vivir sin sometimientos ni ordenamientos dictatoriales, de ahí que las constituciones de muchos países comiencen, en su artículo I, promulgando que todo Ser Humano nace libre y tiene derecho a realizarse como tal.

La sociedad, la educación no adecuada, van poco a poco poniendo impedimentos a la libertad. Desde muy pequeño, el Ser Humano se ve obligado a actuar de acuerdo a las normas y opiniones de otros y llega a olvidar la libertad porque pocas veces la ha experimentado. Saber que se es libre no necesariamente significa ejercer la libertad; la libertad hay que desarrollarla por medio de actos que la expresen.

Hay personas que creen que son libres porque económicamente no dependen de nadie, o por que se niegan a aceptar las normas. Esas situaciones pueden ser de independencia económica o de libertinaje, pero esa persona puede estar sometida a carencias y, por tanto, pese a que es libre porque nació libre, no ejerce la libertad.

Cuando hablamos de estar sometidos a las propias carencias nos referimos a que los seres humanos generalmente buscan pareja, trabajo, etc. en función de determinadas necesidades. Una persona que se droga no está ejerciendo su libertad, simplemente cubre determinadas carencias. Solo cuando las carencias están cubiertas podemos actuar libremente. Si afectivamente se tienen las necesidades cubiertas, se está en condiciones de compartir con libertad; si se goza de excedentes económicos se puede elegir un trabajo libremente.

En consecuencia, podríamos decir que ejercer la libertad es actuar en función de lo necesario, no en función de la carencia. Dicho de otra manera, es desprenderse del deseo que nace de la carencia para desear solo lo que es necesario. Ser libre se entiende a menudo como actuar en cada momento de acuerdo a los propios deseos, pero si estos están basados en las carencias, viviremos gobernados por ellas y nada sería más opuesto a la libertad.

Solo cuando las necesidades están cubiertas, el deseo se enfoca en lo necesario y la libertad se hace en el Ser Humano, que se manifiesta como único y singular con su peculiaridad. Ser libre es ser uno mismo, es el derecho a emitir la verdad. Se dice: "La verdad os hará libres", y es cierto, vivimos en libertad cuando se vive en la verdad, porque la verdad no ata. Cuando usamos conceptos de verdad como guía, el deseo coincide con lo necesario. Pero si actuamos de acuerdo a la realidad de alguien o nuestra propia realidad, no estamos viviendo la vida tal y como es.

A medida que se introducen conceptos de verdad, la vida se enriquece y cobra su dimensión de libertad.

Hay multitud de conceptos confusos en torno a la libertad, uno de ellos dice que: "La función del Ser Humano es buscar la libertad". En realidad no es exacto; la función del Ser Humano es vivir en libertad, no alcanzarla al final de la vida.

Deseamos la libertad pero ¿la hemos experimentado? Si la libertad se experimenta, aunque sea por un instante, cobra tal fuerza que mueve ineludiblemente a la acción. El que ha conocido la libertad no cesará en su empeño por recuperarla.

Si pedimos a las personas que definan la libertad, generalmente no saben muy bien a qué atenerse. Lo que la mayoría de las personas entienden por libertad no define lo que esta es, aunque sí las características de una persona libre.

Trabajar en el desarrollo de nuestra libertad es motivador en sí mismo, sin embargo, no hay que olvidar que aquel que no la ha experimentado, difícilmente luchará por ella. Por eso, si no se tiene vivencia de libertad, el primer paso debe ser alejarnos de aquellas situaciones en las que no está.

Podríamos definir la libertad como un valor intrínseco e innato del Ser Humano que hace que sus deseos no estén en función de la carencia, sino de lo necesario.

El resto de enunciados acerca de libertad no son su definición, pero si características del Ser Humano libre.

Integridad

Una segunda característica de esencia es la integridad, palabra procedente de la raíz latina: entero, entendida como que cada persona es considerada como tal por el hecho mismo de haber nacido. Nacemos enteros, no carecemos de nada para ser personas, pues en la consideración de estar completos no existe comparación con otros. Así como podemos hablar de un número entero, también podemos hablar de una persona entera, no dividida o seccionada.

Cada cual podrá tener más o menos capacidad en algún aspecto, pero aunque eso le lleve a realizar ciertas tareas con menor potencia que otros, o incluso a no poder ejecutar algunas, de ello no se desprende que sea menos persona. Las capacidades que cada uno tiene son su medio de expresión, pero nunca un indicador que pueda señalarlo como un sujeto de diferente categoría. Esta característica de esencia es la reivindicación de las personas con algún grado de discapacidad, pues se entiende por discapacidad una capacidad diferente, no una señal de categoría inferior. Un Ser Humano es persona completa desde que nace hasta que muere al margen de su altura, su peso, su color, su raza, cultura, creencias u orientación sexual. Nadie necesita ningún aditamento que le haga suponer que es menos completo por tener diferente capacidad.

Tan persona es el que mide un metro setenta y siete centímetros como el que mide un metro cincuenta y nueve. Igualmente es persona el que nació con ojos azules como el que los tiene pardos. Y el que alcanza un cociente intelectual de ciento treinta y cinco puntos no es más persona que el que alcanza ciento cinco.

A pesar de gustos estéticos o modas, las personas no tienen que gustar o no gustar. Siempre somos lo máximo que podemos ser y estamos en el más alto grado de dignidad, pues nunca podemos dejar de ser los sujetos más perfectos de este planeta: seres humanos.

La integridad implica el respeto, la aceptación, la estima y la tolerancia de las potencialidades con que cada uno ha nacido. Implica la humildad para aceptar las propias capacidades y las de los demás, e implica, en definitiva, la inclusión y el fomento de la autonomía para el desarrollo de tales capacidades de forma completa.

Solidaridad

La tercera característica de esencia en las personas es la solidaridad, entendida como el derecho que todos tenemos a vivir en una colectividad para posibilitar nuestro desarrollo y expresión. La solidaridad es el impulso irremediable de participar en el entorno para desarrollarnos como seres humanos.

Hemos de entender que todo sujeto que nace ha de tener un ámbito de evolución. Nadie puede sobrevivir en un contexto de extrema soledad, pues somos sociables por naturaleza y necesitamos sentirnos aceptados. Nos es imprescindible la sensación de pertenencia. Precisamos ser tenidos en cuenta y saber que no somos excluidos del contexto social en el que vivimos, a pesar de la inadecuada atención que podamos experimentar en ocasiones. Tenemos la necesidad de formar parte de nuestro entorno al igual que nos hace falta el aire, el reconocimiento y la alimentación, pues venimos al mundo perteneciendo a un sistema de relaciones parentales, paritarias y filiales. Nacimos para ser recibidos por alguien, porque sería inconcebible considerar que un individuo hubiera sido invitado a una reunión y que nadie saliera a su encuentro. No podemos desarrollarnos en solitario, atenta contra nuestra naturaleza.

En esta sociedad nadie sobra y por tanto deberíamos plantearnos cuál sería el lugar que a cada uno le corresponde. Así pues, un mínimo de sociabilidad es otro de los derechos a exigir por cualquier sujeto que llegue a este mundo.

Las diferentes formas de pensar, sentir e incluso de actuar, no tienen por qué implicar rechazo o marginación, sino que pueden ser entendidas como complementarias en una sociedad amplia y pluriforme.

La solidaridad implica fidelidad con el amigo, comprensión al maltratado, apoyo al perseguido y la apuesta por causas impopulares o perdidas.

La solidaridad siempre implica los siguientes puntos:

- Se contrapone al individualismo.
- Conlleva lealtad y amistad.
- Requiere discernimiento y empatía.
- Se refleja en el servicio y busca el bien común.
- Tolera y acepta de forma responsable la diferencia ideológica desde la universalidad y la globalidad.
- Emerge cuando las necesidades propias y ajenas están cubiertas.

La solidaridad trasciende fronteras políticas, religiosas, territoriales, culturales, etc. para instalarse en todo Ser Humano y hacer sentir en su interior la consciencia de que el resto de la humanidad es su "familia".

Formamos una unidad global, multicolor y pluriforme; en definitiva, un todo único tan grande como el universo.

Amor

La cuarta característica que configura la esencia de toda persona, en cuanto Ser Humano, es el amor, el cual nos lleva a ser aceptados y aceptar de forma incondicional por el mero hecho de existir, sin necesidad de tener que hacer méritos para conseguirlo.

Al igual que con las anteriores características de esencia, también nos han dicho que para conseguir amor tenemos que ganárnoslo. Se nos ha transmitido que primero debemos portarnos bien para ser queridos. Lo correcto es recibir el amor en primer lugar, pues como consecuencia nuestros comportamientos posteriores serán adecuados.

Platón entendía el amor como la tendencia innata del Ser Humano a aproximarse a la belleza tanto física como espiritual. Asimismo las religiones suelen identificar a Dios con el amor infinito e incondicional. En ellas, el concepto de Dios recoge todas las virtudes humanas en un grado infinito, las cuales se engloban en el amor.

Algunos investigadores del campo de la física han llegado a afirmar que las personas estamos hechas de amor, en el sentido de que este es una configuración de partículas ínfimas que dan lugar a la vida en cuanto tal. Partículas de materia que llevan en sí la fuerza vital que hace que se manifieste la vida en todo lo que existe. Podríamos decir, por tanto, que estamos hechos de amor, que somos amor.

Estas concepciones nos pueden ayudar a entender el amor como valor de esencia.

El amor va más allá del cariño, del enamoramiento, de la pasión, de la emoción afectiva, de la amistad, de la vocación profesional que se pueda sentir. El Ser Humano tiene la capacidad de acoger al prójimo generosamente y de aceptarlo gratuita e incondicionalmente. Es similar a la función de un manantial, cuya naturaleza consiste en emanar el agua al margen de su destino o de su utilidad posterior. El amor no elige a quien amar. Se trata de una condición que debemos reconocer y potenciar.

El amor se vive en libertad, integridad y solidaridad, pues se experimenta aún a pesar de rechazos, deseos o expectativas.

Estas cuatro características de esencia de los seres humanos: libertad, integridad, solidaridad y amor, se hacen vida cuando somos atendidos de forma adecuada. Nacemos con ellas, nos configuran, y de ahí nuestra grandeza.

Valores secundarios

Las características de esencia se manifiestan de forma natural cuando los niveles de estructura de personalidad están cubiertos. Solo así, en la vivencia de estos valores podemos sentirnos plenos y con el bienestar personal que nos corresponde.

Nacemos por tanto: libres, íntegros, solidarios y en amor. Estas son las características fundamentales de todo Ser Humano y así es como podemos decir que, en esencia, todos somos iguales y tenemos ese nivel de grandeza por el mero hecho de haber nacido personas.

Al hilo de cada valor de esencia haremos referencia a determinados valores secundarios subyacentes en ellos. Estos valores son quizá más fáciles de identificar y son el medio para que, mediante su práctica, emerjan los valores de esencia que permiten al Ser Humano vivir en plenitud.

Valores de Esencia	Libertad	Integridad	Solidaridad	Amor
Valores Secundarios	Justicia	Respeto	Tolerancia	Incondicionalidad
	Respeto	Aceptación	Lealtad	Comprensión
	Responsabilidad	Tolerancia	Amistad	Gratuidad
	Fuerza de voluntad	Humildad (reconocimiento de la valía propia y de los demás).	Bondad	Generosidad
	Disciplina	Estima	Responsabilidad	Aceptación universal
	Obediencia	Superación	Empatía	Gratitud
	Compromiso	Autonomía	Generosidad	Confianza
	Flexibilidad	Inclusión	Comprensión	Entrega
	Autonomía		Gratitud	Paz
	Objetividad		Igualdad	
	Coherencia		Equidad	
	Asertividad		Inclusión	
	Seguridad		Confianza	
			Cooperación	

Tabla: Valores Secundarios.

Estructura de personalidad

Si es cierto que desde la perspectiva de nuestras características de esencia todos somos iguales, también lo es que ateniéndonos a la estructura de personalidad, todos somos diferentes. Es nuestra parte humana la que nos distingue. Nadie piensa los pensamientos de otro, ni siente los sentimientos ajenos, ni experimenta las mismas sensaciones que los demás.

Así como en un ejemplo anterior decíamos que somos todos de la "misma especie", podemos afirmar igualmente que pertenecemos a "distintas razas"; los rasgos de singularidad son irrepetibles en cada sujeto. Es lo que denominamos niveles de estructura de la personalidad, y vienen configurados por nuestros componentes físicos, nuestro campo intelectual, nuestro mundo afectivo y nuestra dignidad personal.

Estos niveles son los canales por donde se reciben los ingredientes que facilitarán el desarrollo de lo que entendemos por humano y que harán emerger lo que denominamos valores de esencia al posibilitar que los elementos físicos, intelectuales, afectivos y espirituales de cada persona encuentren una satisfacción óptima.

Nivel físico

Por nivel físico nos referimos a todo lo que constituye lo fisiológico, sensitivo, corporal y una serie de elementos materiales.

En el nivel físico es donde experimentamos las sensaciones procedentes de nuestros órganos y sentidos. El cuerpo, como continente del nivel físico-sensitivo de la persona, es lo que nos relaciona directamente con el medio. Todo lo que llega del exterior toma contacto con la persona a través de los sentidos (vista, oído, gusto, olfato y tacto). La vida se vive a través de los sentidos, por lo que utilizarlos bien será sinónimo de vivir bien. Todas las personas utilizan sus sentidos, pero somos conscientes de que, a veces, "miramos pero no vemos". No utilizar al máximo nuestras capacidades sensoriales nos impide captar la riqueza de la vida, haciendo que esta parezca aburrida.

Al mismo tiempo, todo lo que sale de nosotros hacia el medio debe hacerlo necesariamente a través del cuerpo. Tenemos un nivel intelectual gracias al cual somos capaces de pensar y crear, pero si queremos expresar todo eso, y hacer a los demás participes, deberemos utilizar el cuerpo (hablando, escribiendo, etc.). Las manifestaciones de nuestro nivel afectivo y nuestros sentimientos, deben expresarse corporalmente. No es posible manifestar amor si no es con una palabra o un gesto.

Cuidar el cuerpo es pues cuidar el único instrumento que tenemos para relacionarnos con la vida.

Tomar conciencia en cada momento de la percepción sensorial supone, además, tomar conciencia del presente: vivir el momento.

Podríamos concluir que se vive y se disfruta con el cuerpo. No habría que olvidar que un cuerpo en forma y un buen aprovechamiento de lo sensitivo son el primer paso para mejorar la estructura de personalidad. El cuerpo ess el espacio donde se graban nuestras vivencias y sirve, por tanto, para poder leer las carencias o abundancias recibidas a lo largo de nuestra existencia. El cuerpo es nuestro medio de recepción y comunicación con el entorno; *GuíaBurros La vida se graba en el cuerpo*[1].

Haciendo referencia a la singularidad del sentir de cada sujeto, resulta evidente que cada persona siente cosas que ningún otro puede experimentar. Las sensaciones son, por tanto, no solamente diferentes en cada persona sino, incluso, diferentes para el mismo sujeto en distintos momentos. Podemos decir "yo nunca siento lo que otro siente ni lo mismo que sentí anteriormente".

A esto podemos añadir que nuestro cuerpo es el medio con el que podemos crear los momentos de nuestra vida y que cuando lo unimos a otros niveles de estructura como la mente o el mundo emocional y espiritual, podemos decir que somos los artífices de nuestra existencia.

Nivel intelectual

Si las sensaciones difieren según la persona, también son distintos los pensamientos que, así mismo, son únicos, singulares e irrepetibles. Tenemos nuestros propios pensamientos y, por tanto, la condición de pensar diferente.

Por nivel intelectual nos referimos a todo lo que tiene que ver con instrucción, discernimiento, sabiduría, sen-

---

1 Pérez Ruiz, Daniel. *GuíaBurros La vida se graba en el cuerpo*. Editorial Editatum.

tido común y fuerza de voluntad, conceptos que se expondrán con mayor detalle en el capítulo referido a dicho nivel.

Nivel afectivo

El nivel afectivo tiene que ver con toda una gama de sentimientos, afectos y emociones, donde incluimos las alegrías, tristezas, enamoramientos, rabias, enojos, etc. que dan lugar a lo que popularmente se entiende como "la chispa que mueve a las personas". Hay quien dice que el mundo afectivo es la sal, el azúcar o el vinagre de la existencia y que es lo que provoca la emoción de vivir.

El nivel afectivo nos diferencia del mundo de la robótica, pues somos algo más que un pensamiento que actúa.

Las emociones son vividas con la particularidad de que tampoco se repiten; cada persona experimenta su singular e irrepetible vivencia afectiva.

Hemos de diferenciar lo que es adecuado y necesario al margen de la complacencia o el gusto, pues lo necesario se impone aunque no agrade.

Nivel espiritual

Hay expertos en física que han investigado la célula humana y encontrado espacios que corresponden unos al mundo físico, otros al ámbito emocional, otros al del pensamiento y otros que son activados a través de otra energía que han denominado "amorosa o espiritual". Estos expertos afirman que esa energía que se ubica en la materia no desaparece al fallecer los individuos, pues mientras la vida intelectual y afectiva mueren con el cuerpo, la materia y la energía permanecen al transformarse.

Hay quienes también entienden por espiritualidad una energía vibrante que hace que las cosas sean lo que son; consideran lo espiritual como lo más cercano a la idea de Dios como energía omnipresente.

Espiritualidad tiene que ver con emergencia de la dignidad personal y la unificación universal.

De lo que se viene exponiendo, se deduce que cada persona, al igual que piensa a su manera, también se emociona o tiene sensaciones que solo él mismo puede experimentar. A esto se ha de añadir que cada uno tiene una capacidad diferente en cuanto a sus niveles físico, intelectual, afectivo y espiritual, lo cual da lugar a las más variadas maneras de vivir la intensidad de cada momento. Y es que en lo humano (niveles de estructura), cada cual es distinto y vive cada situación con diferente intensidad teniendo en cuenta sus diversas capacidades.

SER

Racional

INTELECTUAL
Relacional
Sentimental
Emocional

AFECTIVO

SENSITIVO
Físico
Orgánico
Corporal
Material

ESPIRITUAL
Anatómico
Funcional
Biológico

Evolución hacia una
unificación Universal

Nutrición y dosificación

La incorporación correcta de los diferentes nutrientes asignados a cada uno de los niveles de estructura de personalidad obliga a tener un conocimiento correcto de ambos conceptos.

Debemos entender la nutrición como un proceso permanente. Al igual que es imprescindible comer, es necesario recibir durante toda la vida. Sentirse bien implica estar en constante nutrición incorporando continuamente elementos necesarios.

La nutrición, a todos los niveles, es el camino hacia la autonomía. La persona bien nutrida pasa de la dependencia a la pertenencia.

El primer paso en la nutrición es situarse en posición de recibir, seleccionando a su vez los elementos beneficiosos que se ofrecen. El segundo paso es asumir la responsabilidad de ser agente activo en la búsqueda de los nutrientes adecuados. Naturalmente, la nutrición, como cualquier proceso, supone un esfuerzo, pero este esfuerzo nunca debe ser un "suplicio".

Se trata, en definitiva, de aprender a experimentar el ser "hijos de la vida", pues la infancia desaparece con la edad, pero la filiación siempre permanece.

Una buena planificación para introducir en la vida los elementos necesarios nos desarrolla como seres humanos y hace que podamos experimentar la satisfacción personal. Al igual que una planta necesita de agua, sol, tierra y otros nutrientes para su crecimiento y recibe dichos nutrientes a través de unos canales de absorción, el Ser Humano requiere también de ingredientes que satisfagan su estructura de personalidad. Tanto lo físico, como lo intelectual, lo afectivo y lo espiritual, necesitan nutrirse con una serie de ingredientes dosificados según las capacidades de cada individuo.

Hay que tener en cuenta, sin embargo, que en ocasiones el bienestar no depende solo de incorporar los elementos adecuados, también deben eliminarse aquellos que son nocivos (haremos referencia a conductas aproximativas y evitativas).

Los ingredientes han de ser incorporados no solo en función de la capacidad subjetiva de la estructura de personalidad de cada individuo, también han de tenerse en cuenta los proyectos que cada uno quiera emprender. De ahí que se ha de diferenciar entre lo que se consideran ingredientes necesarios, emergentes y urgentes.

Necesario

El Ser Humano tiene una serie de necesidades básicas sin las cuales el desarrollo no es posible. A la hora de planificar nuestra vida es primordial que todo aquello que es necesario esté presente.

La dosificación y la manera particular de poner en la vida lo necesario es cosa de cada persona.

Si tomamos por ejemplo el ejercicio físico, éste es imprescindible para vivir con salud. Ahora bien, cada cual elegirá el ejercicio más adecuado según sus características.

Lo necesario debe estar planificado de tal manera que en el día a día no falte tiempo para ello.

Necesario es, por tanto, aquello de lo que el individuo no puede prescindir. La dosificación es adecuar lo necesario a la capacidad de cada persona.

Emergente

Es algo necesario que surge de improviso. Si emerge una enfermedad es necesario recibir atención médica aunque no estuviera previsto de antemano.

Un emergente interrumpe la planificación, la cual retomaremos cuando este sea superado.

Urgente

Es todo aquello que nos imponen sin contar con nosotros y que, de alguna manera, nos sentimos impelidos a hacer (por ejemplo, acatar las órdenes de un jefe, etc.)

Cuando no existe una planificación adecuada, es habitual moverse en términos de urgencia. Sin embargo, no deberíamos permitir que algo urgente interrumpa la planificación prevista.

Los ingredientes que debe proporcionar el medio para que se desarrollen los niveles de estructura de personalidad (físico, afectivo, intelectual y espiritual) se agrupan en siete bloques que, dosificados según las capacidades de cada sujeto, dan lugar a una adecuada nutrición y subjetiva satisfacción.

INGREDIENTE	NIVEL	CONSECUENCIA
GRATUIDAD / INCONDICIONALIDAD	ESPIRITUAL	DIGNIDAD PERSONAL
RELACIONES		
INFORMACIÓN / INSTRUCCIÓN / APRENDIZAJE	AFECTIVO	CALMA SEGURIDAD ALEGRÍA
TIEMPO PROPIO / DESCANSO / ARMONÍA / EQUILIBRIO		
TRABAJO / UTILIDAD / RENTABILIDAD	INTELECTUAL	AUTOESTIMA VALÍA APRENDIZAJE RENTABILIDAD
PRESTIGIO / VALÍA / AUTOESTIMA		
ELEMENTOS MATERIALES	FÍSICO	TONO VITAL

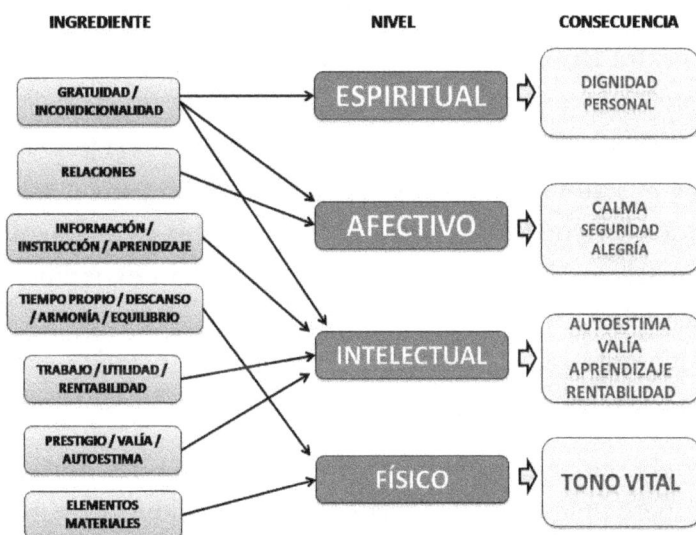

Reflexiones acerca de los valores de esencia y los niveles de estructura de la personalidad

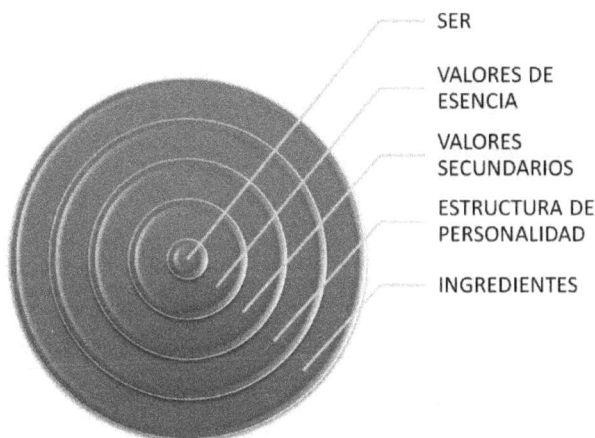

- SER
- VALORES DE ESENCIA
- VALORES SECUNDARIOS
- ESTRUCTURA DE PERSONALIDAD
- INGREDIENTES

La libertad ha de ir de la mano de la integridad, pues para ser libre hay que sentirse íntegro; los cuatro niveles de estructura de la personalidad (físico, intelectual, afectivo y espiritual) deben estar en armonía. No se puede ser libre solo de pensamiento. Un concepto erróneo acerca de la libertad, y muy extendido, es el de que una persona puede sentirse libre en su espíritu aunque esté encadenado. Eso no es del todo cierto, pues no es suficiente con saberse libre, ya que la libertad conlleva experimentación. El Ser Humano está constituido por los aspectos físico, intelectual, afectivo y espiritual y en todos ellos debe ejercerse la libertad.

La libertad supone acción a los tres niveles. La libertad de pensamiento puede mantener al individuo con dignidad en la esperanza de que un día experimentará el sentirse libre, pero no es la libertad en sí misma, aunque el pensamiento positivo, y el hecho de saberse libre por naturaleza, pueden ser el motor que impulse a buscar realmente la experiencia de libertad.

También está la libertad íntimamente unida a la solidaridad. Como hombre libre comparto ("estoy en mí contigo"). No hay que confundir ser libre con estar solo ni con no querer compartir con otros, antes al contrario, la garantía de una relación viene dada por la autonomía de sus miembros y la autonomía está en la base de la libertad.

Si analizamos los momentos de libertad comprobamos que contienen unos ingredientes comunes:

- Integración de los cuatro niveles: físico, intelectual, afectivo y espiritual.
- No hay duda sobre lo que se debe hacer.

- Es una sensación de entrega gozosa.
- Hay confianza plena de uno mismo/a.
- Se puede dar en soledad o en compañía, pero el otro no es necesario.

Capítulo III

El Ser humano en salud

Salud y enfermedad

La salud debería ser el estado natural del Ser Humano, y su misión tendría que consistir en mantenerla por siempre y ejercer y construir vida desde esa salud que le configura.

Decimos que un Ser Humano está sano cuando sus distintos niveles (físico, intelectual, afectivo y espiritual) funcionan a su servicio. La salud es la consecuencia natural de recibir todos los ingredientes necesarios para el desarrollo en la dosificación adecuada.

Una persona en salud:

- Se siente bien acogida y orientada.
- Cuenta con recursos materiales.
- Obtiene rentabilidad.
- Se considera válida.
- Se encuentra descansada.
- Tiene posibilidad para aprender.
- Cuenta con adecuadas relaciones.
- Recibe incondicionalmente.

La satisfacción en cada Ser Humano conlleva que, en cada uno de los niveles de estructura de personalidad, dominen los siguientes principios:

- En el nivel físico: el tono vital.
- En el nivel intelectual: la sabiduría.
- En el nivel afectivo: el amor.
- En el nivel espiritual: la dignidad personal.

La persona sana ejerce en libertad, siente que pertenece, por derecho, al mundo en que vive, está integrada y desarrolla su capacidad de amar. La salud es un punto de partida, nunca de llegada.

La salud tiene determinadas manifestaciones externas e internas que denominamos síntomas positivos: energía, alegría, bienestar, fuerza física, ilusión etc.

Cuando los ingredientes de desarrollo no están presentes o los distintos niveles de su estructura de personalidad no funcionan adecuadamente para recibirlos aparece la enfermedad. Una persona enferma se ve incapacitada para la expresión satisfactoria en su estructura. La enfermedad tiene unas manifestaciones que en contraposición a los síntomas positivos llamaremos síntomas negativos.

Concepto de salud mental. OMS.

Cuando hablamos de salud mental o "estado mental" nos referimos, en términos generales, al estado de equilibrio entre una persona y su entorno socio-cultural, lo que garantiza su participación laboral, intelectual y de relaciones para alcanzar un bienestar y calidad de vida.

Se dice "salud mental" como analogía de lo que conoce como "salud o estado físico", pero en lo que a esta se refiere existen dimensiones más complejas que el funcionamiento orgánico y físico del individuo.

La Organización Mundial de la Salud (OMS), describe las características de una persona con salud mental.

Autonomía (independencia/suficiencia)

Al hablar de autonomía, nos referimos tanto al nivel físico, como afectivo e intelectual. Una persona autónoma es la que tiene capacidad para acercarse a aquello que necesita.

Una persona independiente es aquella que es capaz de generar lo necesario. Así pues, se puede ser autónomo pero no independiente.

Y asimismo, existe otro concepto: suficiencia, que consiste en tener integrados tanto la autonomía como la independencia.

Integración social

La integración social implica pertenecer a un colectivo, con pleno derecho, donde uno se encuentra aceptado y no siente que está marginado o que molesta. Este concepto facilita la pertenencia y tiene que ver con la solidaridad.

La satisfacción personal

Es un concepto subjetivo; cada cual tiene su propia visión. Se da cuando uno se siente a gusto consigo mismo y con su comportamiento. Ante la satisfacción personal no hay posibilidad de fingir, pues el bienestar no se puede disimular.

Sin embargo, las precisiones de la Organización Mundial de la Salud (OMS) establecen que no existe una definición "oficial" sobre qué es salud mental y que cualquier definición al respecto estará siempre influenciada por diferencias culturales, asunciones subjetivas, disputas entre teorías profesionales y también por cómo las personas perciben su entorno.

Un punto en común en el que coinciden los expertos es, que "salud mental" y "enfermedades mentales" no son dos conceptos opuestos. Es decir, la ausencia de un reconocido desorden psicológico no indica necesariamente que se tenga salud mental y, al revés, sufrir un determinado trastorno mental no es óbice para disfrutar de una salud mental razonablemente buena.

La observación del comportamiento de una persona en su vida diaria es la principal manera de conocer el estado de su salud mental en aspectos tales como el manejo de sus temores y capacidades, sus competencias y responsabilidades, la manutención de sus propias necesidades, la manera en que afronta tensiones, sus relaciones interpersonales y la manera en que dirige una vida autónoma. Además, el comportamiento que tiene una persona frente a situaciones difíciles y la superación de momentos traumáticos (resiliencia), también permiten establecer una tipología acerca de su nivel de salud mental.

Según informes de la OMS, la salud mental no es solo tarea de cada individuo, sino que también incumbe a estamentos sociales de ámbito local, regional, estatal e internacional, y afirma asimismo que de los aproximadamente 450 millones de personas que sufren de desórdenes mentales solo una minoría reciben algún tipo de tratamiento.

En conclusión, los elementos básicos a tener en cuenta para una salud mental que facilite la integración y la participación en el entorno son:

- Instrucción.
- Vida laboral.
- Vida social.
- Mundo relacional.

Desde las teorías psicodinámicas se postula que, la salud mental así como los aspectos patológicos, son partes constitutivas de todo individuo. La constitución personal de cada sujeto implica capacidades o aspectos sanos y otros patológicos, siendo la proporción de los mismos variable entre personas. Así pues según Bion, la capacidad para tolerar la frustración sería una primera capacidad sana que permitiría, al individuo en desarrollo, el inicio del proceso de pensamiento y comprensión del mundo y de sí mismo. La función del pensamiento sería la base de la salud mental.

Un concepto holístico de salud mental incluye conceptos basados en perspectivas de antropología, educación, religión, sociología y dentro de la psicología, psicología de la persona, psicología clínica, de la salud y del desarrollo.

Numerosos profesionales de la salud mental han comenzado a entender la importancia de la diversidad religiosa y espiritual en lo que compete a esta.

La Asociación Estadounidense de Psiquiatría llega a decir que la educación en asuntos religiosos y espirituales es también una necesidad para la salud.

Autores como Myers, Sweeny y Witmer, incluyen las siguientes cinco áreas consideradas vitales para el ser humano:

- Esencia o espiritualidad.
- Trabajo y ocio.
- Amistad.
- Amor.
- Autodominio.

Y otras doce subáreas:

- Sentido del valor.
- Sentido del control.
- Sentido realista.
- Conciencia emocional.
- Capacidad de lucha.
- Solución de problemas y creatividad.
- Sentido del humor.
- Nutrición.

- Ejercicio.
- Sentido de autoprotección.
- Control de las propias tensiones.
- Identidad sexual e identidad cultural.

Todos estos puntos son identificados como las principales características del funcionamiento de una mente sana.

¿La enfermedad mental es componente de la estructura humana?

Al no ser satisfechas las necesidades y dar lugar a las carencias, emergen las disfunciones y, por ende, situaciones de malestar que en ocasiones dan lugar a enfermedades.

La mayoría de los servicios prestados a la salud mental, por lo general, se encuentran asociados a la psiquiatría. Esto implica que las enfermedades mentales parezcan estar relacionadas únicamente con problemas psiquiátricos.

Para establecer clasificar y diagnosticar las enfermedades y trastornos mentales se cuenta con el *Manual de diagnóstico y estadísticas de desórdenes mentales* (DSM), de la Asociación Americana de Psiquiatría, con la *Clasificación internacional de trastornos mentales* (CIE) de la Organización Mundial de la Salud, así como con guías continuamente actualizadas como el *Proyecto de medicación Algorithm de Texas* (TMAP).

El consenso científico, acerca de las condiciones de la salud mental, contempla desórdenes neurobiológicos y fundamentalmente neuroquímicos (esquizofrenia, autismo y los llamados desórdenes bipolares). Se incluyen también factores ambientales, del desarrollo personal y del nivel de relaciones interpersonales.

Otras formas de estados mentales "no sanos" (psicopatología), como se contemplan desde la psicología, pueden relacionarse con la cognición o el aprendizaje y no necesariamente con categorías psiquiátricas.

Trastornos cerebrales orgánicos (enfermedades psiquiátricas)	Trastornos del pensamiento (alteraciones psicosociales)
Congénitos Traumatismos / lesiones	Estrés Depresión Ansiedad

En relación a determinados trastornos psicosomáticos, se aconsejan tratamientos médicos combinados con intervenciones psicológicas y acompañamientos sociales.

En el desorden bipolar, por ejemplo, se requiere una combinación de fármacos, psicoterapias, superación personal y soporte social.

Trastornos del pensamiento

Estrés

El estrés puede aparecer como consecuencia de una acumulación de actividades difíciles de ajustar en unos tiempos establecidos.

Sugerencias para evitar el estrés:

• Tiempo de trabajo no excesivo (nunca más de 8 horas).

- Reservar por lo menos día y medio a la semana para descansar de la rutina del trabajo.
- Comer con calma, masticando bien y atendiendo a una dieta equilibrada.
- Dedicar diariamente unos minutos a algún ejercicio de relajación.
- Procurar hablar y moverse a un ritmo más pausado.
- Cultivar el hábito de escuchar música relajante.
- Reservar un tiempo diario al ejercicio físico, preferentemente al aire libre.
- Cultivar un hobby más creativo que competitivo.
- Concentrarse en el presente, evitando la tendencia a preocuparse por el futuro o recrearse en el pasado.
- Trabajar y actuar de forma metódica.
- Expresar abiertamente los sentimientos, sin hostilidad.
- No aceptar ni autoimponerse objetivos irrealizables.
- No depender de drogas (fármacos, alcohol, tabaco, etc.) como medio habitual de combatir la tensión. Tres minutos de cólera minan su fuerza más rápidamente que ocho horas de trabajo.

Depresión

Se entiende por depresión un trastorno del estado de ánimo, muy frecuente en la población ($\approx 1\%$,) que impide el desarrollo de la actividad habitual a causa enfermedades somáticas y, en ocasiones, sin causa aparente. Las personas que experimentan un estado depresivo son aquellas que se sienten obligadas a vivir en circunstancias desagradables e inadecuadas y no disponen de fuerzas suficientes para cambiar ese entorno nocivo o distanciarse del mismo, manifestando una serie de alteraciones, tanto a nivel físico como intelectual y afectivo.

- **Alteraciones físicas**: trastornos del sueño, cansancio, inapetencia, pérdida de peso y desinterés sexual entre otras.

- **Alteraciones intelectuales**: ideas negativas y redundantes, pesimismo, falta de motivación e insatisfacción laboral entre otras.

- **Alteraciones afectivas:** tristeza, tendencia al aislamiento, apatía, irritabilidad (en los niños/as), desarraigo y pérdida del sentido de la vida entre otras.

La teoría de la depresión de Beck, sostiene que el pensamiento negativo es una causa y no una consecuencia de la depresión. Según el modelo cognitivo, la experiencia temprana conduce al desarrollo de creencias negativas globales denominadas esquemas.

Los esquemas depresivos implican supuestos del tipo "todo o nada" como los siguientes:

- Si no soy totalmente feliz, seré un completo infeliz.
- Si algo no sale perfectamente bien, es inútil hacerlo.
- Si no soy perfecto, soy un fracaso.
- Si hay alguien que no me quiere incondicionalmente, significa que nadie lo hace.
- Si no consigo controlarme completamente, estoy indefenso.
- Si tengo que depender de alguien para algo, soy un completo inútil.

En definitiva detrás de toda depresión hay una visión incorrecta de la realidad. Teóricamente una persona sana psicológicamente no entra en depresión.

Propuestas de intervención ante la depresión:

- Buscar asesoría médica y psicológica (solo no se puede).
- No sobrepasar las propias capacidades.
- Atender al origen de tal situación.

Propuestas de prevención:

- Ampliar la visión de la vida (no todo es negativo).
- Evitar el posicionamiento como víctima de la vida y situarse como agente de cambio.
- Buscar tiempo propio, cuidado sensitivo y relaciones satisfactorias.
- Asesorarse para establecer objetivos claros.
- Realizar actividades motivadoras.

Ansiedad

Cuando hablamos de ansiedad queremos hacer referencia a la sensación que experimentan algunas personas cuando se enfrentan a dificultades que no saben abordar. La ansiedad se relaciona, en gran medida, con el miedo a lo desconocido, al suponer que lo que está por venir será desagradable o no adecuado.

Sintomatología de la ansiedad:

- Sudoración, taquicardia, mareo, inestabilidad física, aturdimiento mental e insuficiencia respiratoria entre otros.

Propuestas de intervención ante la ansiedad:

Si la sintomatología ansiógena se produce fundamentalmente por una falta de información adecuada que impide abordar exitosamente cuestiones desagradables, entonces la intervención pertinente debe consistir en proporcionar la instrucción correcta que dé respuesta a las dudas que tal situación requiere.

Síntomas, conflictos, causas

Cuando los niveles de estructura de personalidad (físico, intelectual y afectivo) del Ser Humano se nutren, estos se desarrollan adecuadamente. Por el contrario, cuando cualquiera de los niveles está insuficientemente desarrollado o evolucionado surge el conflicto.

Síntomas

Son manifestaciones externas concretas que pueden obedecer a múltiples causas que pueden coincidir en diferentes conflictos. Son un aviso, una llamada de atención, de que algo no funciona (síntoma negativo) o de todo lo contrario (síntoma positivo). No tienen por qué tener relación directa con las causas y la mayoría de las veces son de rango diferente.

Frecuentemente los síntomas son físicos (dolor, llanto, cansancio, vértigos...), pero esto no quiere decir que su origen también lo sea. El origen de un mismo síntoma puede ser a veces físico, a veces afectivo y a veces intelectual.

Un síntoma en un trastorno físico es, por ejemplo, la tos, la cual simplemente nos alerta de que algo no funciona bien en nuestro sistema respiratorio. Esta tos no es, en sí misma, suficiente para realizar un diagnóstico, ya que puede deberse a un catarro o una alergia entre otras tantas causas.

Los síntomas a nivel psíquico tienen exactamente el mismo significado, simplemente indican la existencia de un conflicto. Pongamos otro ejemplo: el síntoma "llanto" tiene una expresión física, sin embargo, su origen puede ser físico, si el llanto se debe a dolor por una quemadura; afectivo, si se debe a la pérdida de un ser querido; o intelectual, si la persona llora porque piensa que es un fracasado. Igualmente, la taquicardia es un síntoma físico, pero el origen de la misma puede ser físico, en el caso de una enfermedad cardiaca orgánica, afectivo cuando se produce como consecuencia de trastornos afectivos, o intelectual cuando es una manifestación secundaria del miedo.

Tras el síntoma, que es solo un indicativo, hay un nivel de origen disfuncional. Pensamientos y emociones disfuncionales pueden dar lugar a síntomas físicos y viceversa, como en el caso de la apatía o la tristeza que acompañan a enfermedades físicas como las anemias, neoplasias o las intolerancias alimentarias.

Las enfermedades conocidas como psicosomáticas (úlcera duodenal, rinitis vasomotoras, colon irritable etc.) son buena muestra de esta aparente disociación entre el nivel del síntoma y el del origen

Conflicto / Trastorno

Entendemos conflicto/trastorno como una agrupación de síntomas, pues en muy raras ocasiones se puede observar un síntoma aislado. Generalmente suele haber agrupaciones de síntomas muy característicos que se pueden etiquetar como un trastorno determinado. Por ejemplo, tras la agrupación que incluye los síntomas de taquicardia, sudoración, opresión, vértigo y temor incontrolado podemos observar un trastorno de ansiedad.

Causas

Las causas son el origen del conflicto y los síntomas. Si no conocemos las causas de un trastorno de ansiedad podemos hacer remitir sus síntomas, pero no impedir la aparición de una nueva crisis en el futuro. El tratamiento sintomático está enfocado en aliviar los síntomas, pero para recuperar la salud es absolutamente necesario conocer las causas que los provocan para poder actuar sobre ellas.

En las corrientes terapéuticas que van dirigidas, no a la mejoría del síntoma sino a la sanación, es imprescindible actuar sobre las causas. De esta forma se obtienen las claves para no volver a enfermar. Por ejemplo, una cefalea puede tratarse con un analgésico (tratamiento sintomático) pero para erradicarla será necesaria una intervención quirúrgica si su causa es un tumor o un tratamiento antibiótico si su causa es una infección.

Así como decíamos que los síntomas eran con frecuencia de rango físico, las principales causas de conflicto psicológico son de rango afectivo. Son carencias que pueden provenir desde la infancia y que no han sido subsanadas en la vida adulta. Detectar y solucionar estas carencias será fundamental en una intervención psicológica.

Con frecuencia hay grados de intensidad en estas causas y también con frecuencia no son únicas, sino que en la génesis de un conflicto pueden concurrir varias.

Curación y sanación

Ya hemos hablado de salud y enfermedad. Ahora nos ocuparemos de los conceptos curación y sanación. Aunque en el diccionario sean sinónimos, vamos a darles una connotación diferente.

Curación

Curar tiene que ver con eliminar patologías, síntomas negativos y situaciones de malestar de todo tipo. Decimos que alguien ha sido curado cuando han desaparecido los síntomas negativos y aumentado los positivos. Una persona curada se siente bien, ha eliminado los síntomas pero no tiene garantías de que no vuelvan a surgir en el futuro.

Sanación

Sanación tiene que ver con la eliminación definitiva de los conflictos al atacar de raíz las causas que los provocaron. Una intervención es completa y eficaz cuando consigue la sanación.

- **Salud**: estado de constante bienestar personal. No hay obstrucciones físicas, mentales ni emocionales.
- **Curación**: eliminación de síntomas.
- **Sanación**: erradicación de causas de bloqueo.

Capítulo IV
Desarrollo humano

Acogida, orientación y buen trato

A lo largo de la historia de la psicología de la salud, se ha podido comprobar que el adecuado desarrollo personal ha de tener también en cuenta dos conceptos claves:

La necesidad de acogida.

- La necesidad de orientación.

La acogida hace referencia a la necesidad que cada Ser Humano tiene de sentirse atendido, protegido y nutrido. La acogida se entiende popularmente como atención materna o maternaje. En definitiva se relaciona con el cuidado y la atención del nivel físico y afectivo: buena alimentación, descanso suficiente, entorno agradable, temperatura adecuada, contacto y caricias, arropamiento, mimos y etc. Esta atención de tipo materno, o acogida, tiene a su vez dos características, por una parte, podríamos hablar de acogida nutricia y por otra, de acogida afectiva.

- **Acogida nutricia**: está en relación con tener un hogar, lo que implica un espacio físico donde vivir y una organización de actividades alimenticias y de orden en cuanto a limpieza, cuidado del hogar, horarios de encuentro entre las personas que viven juntas, etc. Es lo que se ha entendido habitualmente como casa materna, en la que hay orden, estructura, horario, normas de convivencia, abrigo y alimentación.

- **Acogida afectiva:** este concepto se refiere al mundo afectivo. Está por tanto en relación directa con lo que se entiende por calor de hogar, o sea, mimos, caricias, comodidad, confort, etc. Así pues, cuando hablamos de maternaje afectivo, nos referimos a acunamiento y cobijo, así como al tratamiento y el contacto de la piel con el entorno (higiene, baños, aseo personal, cremas, masajes, vestuario, etc.).

Actúan como agentes de maternaje socioculturales todas aquellas acciones que tienen que ver con el contacto y la proximidad. Buenos ejemplos serían encuentros con la naturaleza, asociaciones, relación con animales domésticos, familia extensa, amistades y el acercamiento a personas de cualquier ámbito con capacidad de aportar gratuidad y generosidad afectivas.

Al igual que el bebé bien acogido se desarrolla en salud, un adulto con las características de acogida cubiertas desarrolla un nivel físicosensitivo y emocional que posibilita un bienestar personal.

La orientación es una necesidad inherente al desarrollo humano en lo que se refiere a saber qué hacer en cada momento. Está asociada al paternaje biológico y/o sociocultural y es otra condición necesaria en el Ser Humano, la cual se asocia a las características de índole paternal, pues los padres eran quienes, en épocas anteriores, se dedicaban a conectar a la familia con el entorno social.

Un buen paternaje orienta, guía, valora, sabe encauzar y nos ayuda a definir principios de autoridad. Aquellos que han sido orientados adecuadamente tienen ideas claras, capacidad para estructurar conceptos precisos acerca de la propia valoración y se relacionan exitosamente con el medio.

La orientación es necesaria para introyectar una estructura de personalidad. Todo individuo necesita referentes de autoridad que lo valoren y lo estructuren; necesitamos gente de la que aprender. Es preciso introyectar la autoridad de dichos referentes para que la propia fuerza se convierta en seguridad y persistencia.

En nuestra época actual, consideramos que todo lo entendido como orientación o acogida no es cuestión de género. Se trata por tanto, de acercarnos a las personas con capacidad de despertar en nosotros ese potencial acogedor y orientativo que llevamos dentro independientemente de cual sea su sexo.

Teniendo en cuenta lo expuesto anteriormente en relación a las necesidades de acogida y orientación, hemos de considerar que todas las personas necesitamos cubrir dichas necesidades, pues es nuestra condición de hijos lo que hace que precisemos de tales atenciones. Sin embargo, ser hijos de por vida no significa ser perpetuamente niños. Los niños necesitan de figuras parentales o tutores que les acerquen los ingredientes de acogida y orientación para su adecuada evolución y crecimiento, pero los adultos son los responsables de acercarse ellos mismos, de forma autónoma, a tales nutrientes.

Por tanto, una acogida adecuada (nivel sensitivo y afectivo cubiertos) y una buena orientación (nivel intelectual bien nutrido), son garantía de relaciones humanas saludables.

Cuando hablamos de relaciones humanas saludables nos referimos a la necesidad que tiene todo Ser Humano de recibir una serie de actuaciones procedentes de quienes viven la satisfacción y el bienestar personal y que constituyen lo que entendemos por buen trato.

Actuaciones tales como:

- Sentirse atendido.
- Reconocerse valorado.
- Establecer comunicaciones de forma clara y precisa.
- Respetar los procesos evolutivos propios y ajenos.
- Asumir la responsabilidad de los actos.
- Percibir y mostrar afecto.
- Focalizar.
- Eliminar la queja.

Para poder transmitir o entregar el buen trato es necesario haberlo recibido previamente, saber acercarse autónomamente a estos principios y hacerlos vida en uno mismo.

Principios básicos de buen trato

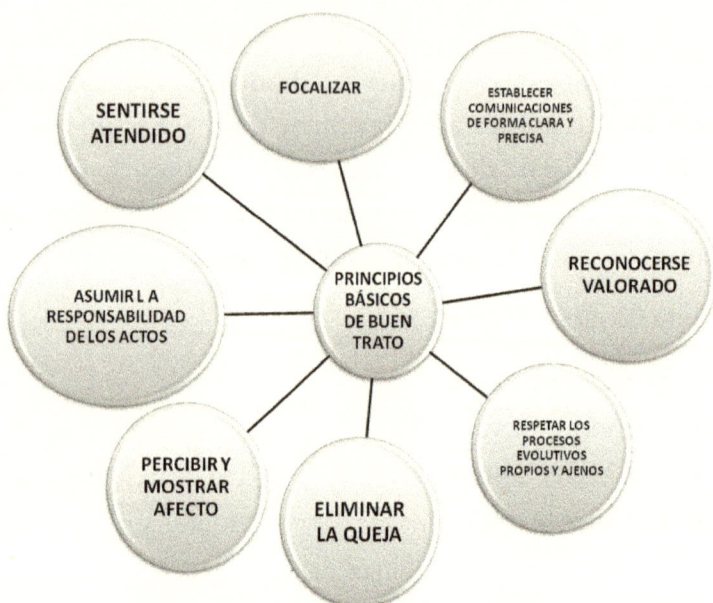

Los pilares del desarrollo

Para desarrollarnos adecuadamente es necesario que experimentemos protección (acogida) y firmeza (orientación).

La protección supone todo aquello que se equipara con la energía femenina (Yin) y cubre necesidades físicas y afectivas.

La firmeza representa la energía masculina (Yang), favoreciendo la consecución de objetivos y cubriendo necesidades intelectuales.

Todo Ser Humano (hombre/mujer) se configura en una unidad integrada de energías femeninas y masculinas (Yin/Yang) que determinan su peculiar estructura de personalidad.

Rasgos de la Energía Femenina (Yin)		Rasgos de la Energía Masculina(Yang)	
Evitar el mal	Higiene	Riesgo	Éxito
Lenguaje afectivo	Arraigo	Persistencia	Inteligencia
Sensibilidad	Acaparamiento	Iniciativa	Disciplina
Protección	Atención múltiple	Triunfo	Respeto
Paciencia	Previsión	Reconocimiento	Responsabilidad
Hogar	Contemplación	Firmeza	Marcar pautas
Resistencia	Piel	Orientación	Don de mando
Astucia	Alimentación/Nutrición	Fuerza	Saber apoyar
Intermediación	Obediencia	Direccionalidad	Seguridad
Administración	Economía	Discernimiento	Objetividad
Sentimientos	Tolerancia	Búsqueda	Respeto a la norma
Ahorro	Entrega gratuita	Conquista	Honradez
Organización	No exigencia	Escarceo	Buscar el primer puesto
Comunicación	Capacidad de acogida	Movimiento	Sacar lo mejor de sí
Practicidad	Amabilidad	Ataque	Competitividad
Asentamiento	Constancia	Claridad mental	Coherencia
Apaciguamiento	Disponibilidad	Abundancia	Confrontación
Defensa	Flexibilidad	Elección	Atrevimiento
Calor	Perdón	Sinceridad	Mente calculadora
Cuidados sensitivos	Compromiso	Objetivos	
Curación	Accesibilidad		
Destreza manual	Arropamiento		
Cobijo	Abrazo		

Durante los primeros siete años de vida se asientan estos dos pilares fundamentales, y entre los siete y los dieciocho, aproximadamente, se produce la reivindicación de la personalidad, que será más o menos sana dependiendo de en qué medida se haya recibido la protección y firmeza pertinentes.

Cuando las bases son insuficientes y los modelos educativos no han sido atractivos puede aparecer una personalidad problemática. Muchas de las marginaciones y sociopatías suelen tener este origen.

El hecho sexual humano

Hablar del hecho sexual humano es sinónimo de hablar de personas, pues la sexualidad tiene una vinculación directa con los diferentes niveles de la estructura de la personalidad (físico, intelectual y afectivo). El hecho sexual humano no es una función, sino una dimensión que impregna todos los aspectos de la vida.

Últimamente se ha estado debatiendo en diferentes ámbitos, tanto educativos como sociales, acerca de la necesidad de discernir entre los conceptos de sexo, sexualidad y erótica, entre otros. Asimismo, hemos de tener en cuenta que hablar de sexualidad es hablar se sensaciones, de sentimientos y de procesos mentales, por lo que es necesario acercarse a este tema con una mentalidad amplia, abierta y libre de prejuicios. Vamos, por tanto, a intentar de explicar cómo entendemos, en el contexto de la psicología, tales conceptos.

Sexo

Hemos de partir del hecho de que todo Ser Humano es un ser sexuado. Por lo tanto, el sexo pertenece a una dimensión básica y tiene un valor incuestionable; jamás debería de ser prohibido, más bien todo lo contrario.

En el hecho de ser sexuado radica la potencialidad de lo masculino y lo femenino; lo que en oriente se viene denominando Ying/Yan. Es el resultado de la concatenación de una serie de elementos diferenciales en masculino y femenino. Cada ser humano se va sexuando a la par que se desarrolla como persona.

Elementos fisiológicos que configuran el sexo:

- **Genético**: cromosomas.
- **Gonádico**: testículos, ovarios, etc.
- **Citológico**: hormonas.
- **Anatómico**: vello, tono de voz, fortaleza muscular, etc.

El sexo se entiende como el conjunto de características sexuadas de cada sujeto, lo cual supone que cada individuo es un sexo; de ahí que el sexo se equipare con la singularidad de cada persona. Entendemos por características sexuadas las que decíamos (genéticas, gonádicas, citológicas...) que nos indicarán qué proporción de masculino/femenino (Ying/yan) hay en cada ser sexuado. Se considera, asimismo, que los genitales son una de las características sexuadas, pero no la única para significarse como hombre o mujer. Por ejemplo, el hecho de tener pene no convierte en hombre a una persona con un 70% de características femeninas, del mismo modo que el hecho de tener vagina no implica que un sujeto con un 80% de características masculinas sea una mujer. A pesar de que la sociedad asigna los sexos en función de los genitales, hay que tener claro que en este contexto eso no es así

Hay que aceptar que la suma de características sexuadas de cada cual configuran su sexo correspondiente. Según estas premisas, lo que popularmente se denomina "cambio de sexo" no es más que una extirpación o modificación de genitales.

Sexualidad

Hablar de sexo es hablar exclusivamente de la parte fisiológica y sensitiva de lo sexuado. El sexo necesita estimulación para activarse, y cuando se activa aparecen las sensaciones que denominamos como sexualidad. Esta supone la gratificación del sexo activado: el placer, el orgasmo…...

Aceptar la sexualidad, entendida como la vivencia subjetiva del sexo, es un compromiso y una responsabilidad del individuo.

La sexualidad se entiende como la manera que cada uno tiene de experimentar su propio sexo. Supone, por tanto, la calidad que cada cual confiere a su sexo (el modo propio de verse, sentirse y vivirse como sexuado) al margen del rol masculino o femenino que la sociedad impone.

La autocomplacencia en el sexo se comprendería como una realización sexual insuficiente, pues la máxima satisfacción sexual implica compartir (erótica).

Erótica

La erótica es la forma concreta de realizar, expresar y compartir la sexualidad con otra persona.

La erótica se acompaña de caricias, juegos, visualizaciones, recuerdos y otros elementos que facilitan la activación del sexo. Existen muchas formas de expresar la erótica, que es un concepto que no para de cambiar al estar condicionado por las estructuras culturales de cada sociedad, los avances históricos y por la manera de la que evolucionan los intereses de los individuos concretos. Por ejemplo, en esta época, la erótica está muy influenciada por internet, las redes sociales y las características particulares de la sociedad de la información (inmediatez, virtualidad, eliminación de distancias, posibilidad de anonimato, etc.)

La erótica no es erotismo. El erotismo ha sido relacionado, a veces, con una mala interpretación o utilización de la erótica desde la moralidad de algunas culturas y sus normas sociales.

Notas

- La estructura fisiológica / orgánica del hecho sexual humano es lo que en este contexto denominamos sexo.
- El 100% de cada sexo es simplemente cuestión de proporcionalidad; en este sentido, no podemos hablar de

hombre o mujer, sino de personas con una proporcionalidad de características masculinas o femeninas (hay
tantos sexos como personas, cada persona configura
un único ser sexuado con sus característica fisiológicas,
por tanto es singular e irrepetible).

- Cada persona se vive como sexuada de distinta manera.
  Cada cual asume y dimensiona su sexo según su modo
  de ser, de vivir las relaciones y su autopercepción.

En los capítulos dedicados al nivel físico, intelectual y
afectivo de la estructura de la personalidad haremos referencia de nuevo a estos conceptos en relación a cada uno
de estos niveles.

Capítulo V

Nivel físico

Hace años que las terapias físico-energéticas se incorporaron en las prácticas terapéuticas de psicólogos de todo el mundo. La dimensión físico-sensitiva del Ser Humano es una realidad incuestionable que no hay que dejar de valorar si se pretende realizar una buena evaluación de aquellos que acuden a las consultas de los psicólogos.

Este capítulo pretende realizar un acercamiento a este nivel que permita comprender la intrincada relación entre cuerpo y mente. Es necesario para ello conocer como se configura el nivel sensitivo en los seres humanos, observar el grado de salud y el tono vital de las personas y estudiar las diferentes necesidades básicas que compartimos. El cuerpo es nuestro vehículo de relación con el medio, tanto a la hora de percibir los estímulos como a la hora de expresarnos.

Hay que tomar conciencia de que los sentidos se ejercitan; un pintor, que trabaja con la percepción visual, es capaz de captar muchos más detalles de un paisaje que cualquier otra persona. Como ocurre en las personas invidentes, a veces la privación de uno de los sentidos conlleva el desarrollo de los otros para compensar. Desarrollar los sentidos al límite de la propia capacidad supondría percibir mejor, y como consecuencia sentir y expresar más.

De entre todos los sentidos, el tacto es el menos potenciado, mientras que la vista es el predominante. En nuestras sociedades, el tacto no ha sido suficientemente ejercitado, pero hay que tener en cuenta que la caricia sensitiva (sin carga intelectual ni afectiva) es uno de los primeros elementos que el niño recibe y es indispensable para desarrollarse en salud.

Investigaciones científicas han demostrado que los monos, de manera experimental prefieren una "madre" de peluche agradable a una metálica, pese a que en los experimentos, solo esta última proporcionaba alimento. Se ha demostrado también que en determinadas enfermedades, el pronóstico es mejor en aquellas personas que poseen mascotas. La explicación de este fenómeno viene dada, en parte, por el hecho de lo beneficioso que sería acariciar a los animales. En la intervención terapéutica, la caricia sensitiva es un elemento que debe incorporarse precozmente.

Además, no hay que olvidar el hecho sexual humano y el impacto que tiene en día a día de las personas.

En este capítulo también se va a exponer la configuración del esquema corporal y cómo podemos utilizar el cuerpo como indicador de nuestro proceso de desarrollo.

Los aspectos a tener en cuenta serán los siguientes:

- Conocer la configuración del nivel sensitivo y las necesidades básicas que hay que atender si se pretende un correcto desarrollo.

- Señalar la importancia del cuerpo como vehículo de relación con el medio.

- Conocer el esquema corporal y utilizar el cuerpo como medio para evaluar nuestro proceso de desarrollo.

- Ahondar en el significado de la integración cuerpo-mente, y de herramientas que faciliten la coordinación interna.

- Comprender la importancia del hecho sexual humano en el correcto desarrollo del individuo entendiendo a qué nos referimos al hablar de sexo, sexualidad y erótica en el nivel físico.

El cuerpo como indicador de lo vivido

⬇INFORMACIÓN ADICIONAL

Para un conocimiento más exhaustivo acerca de la exposición detallada del esquema corporal, así como el sentido que adquieren las vivencias y la forma en que se instalan en el cuerpo nos remitimos al libro del mismo autor:
Guiaburros La vida se graba en el cuerpo

www.lavidasegraba.guiaburros.es

Como afirma Lowen "la forma en que el cuerpo desarrolla su energía propia influye definitivamente en el modo de sentir, pensar y actuar de las personas. Los trastornos en procesos vitales del cuerpo afectan tanto a la salud mental como a la física."

El cuerpo no es solamente un elemento de comunicación con el entorno. Es un indicador donde quedan plasmadas nuestras vivencias. Las experiencias vividas se graban fundamentalmente en el recuerdo, en el comportamiento y en el cuerpo.

La relación existente entre el esquema corporal y la estructura interna de la personalidad es una hipótesis defendida desde hace tiempo los profesionales de la salud que entienden a la persona como un todo que integra tanto las expresiones físicas como las psíquicas.

En las últimas décadas se ha aceptado el hecho de que determinadas alteraciones físicas tienen su origen en dificultades a nivel psíquico. La medicina psicosomática es ya una realidad en nuestro tiempo, siendo un gran número de enfermos derivados a psicólogos al no encontrarse ninguna causa orgánica para sus síntomas. Existen enfermedades como la úlcera duodenal o la colitis ulcerosa claramente asociadas al componente psico-afectivo y otras que, sin pruebas concluyentes, muestran una asociación más significativa que la casual, sobre las que actualmente se están elaborando hipótesis por parte de algunos investigadores. Lo mismo ocurre con la alta asociación del cáncer de mama con el abandono afectivo.

Interesados en esta interacción cuerpo-psique, profesionales en clínica han venido correlacionando las manifestaciones puramente somáticas con los conflictos psíquicos de las personas atendidas.

Se ha realizado un estudio del esquema corporal y simultáneamente un diagnóstico psicológico con pruebas estandarizadas. Evaluadas con un estudio ciego (los profesionales que diagnostican en base al esquema corporal no conocen el paciente ni el texto de las pruebas), se han obtenido unas conclusiones fruto de la labor diagnóstica en la clínica y del seguimiento durante tratamiento psicoterapéutico. Se ha constatado que la modificación de los síntomas o características psíquicas han sido paralelas, en muchos casos, a la desaparición de las manifestaciones somáticas.

El estudio de lo grabado en el cuerpo constituye una prueba objetiva e indirecta, por lo que está menos sujeta a distorsión o modificación voluntaria.

Las distintas partes del cuerpo están en relación con determinadas áreas de conflicto. Por ejemplo, personas con carencias o conflictos graves de origen afectivo somatizan sistemáticamente en el pecho.

Las zonas somáticamente más sanas (en la puntuación de base, a lo largo de toda la vida) están ligadas, positiva y significativamente, con aquellas áreas en las que las personas tienen más capacidades; son sus puntos fuertes. De acuerdo con esto, un sujeto con muy escasa somatización en la cabeza tendrá buena capacidad para estructurar, por lo general estará bien orientado y probablemente tenga mucha autoestima. Esto es de particular importancia, puesto que a la hora de intervenir serán estas aéreas los puntos de apoyo.

El cuerpo es un indicador, sus síntomas pueden llevarnos al origen de los trastornos. En él podemos leer la existencia, o ausencia, de carencias en cuanto a necesidades básicas para el desarrollo, el desgaste sufrido y las dificultades, o facilidades, para relacionarse con el medio.

Las puntuaciones globalmente bajas implican un gran número de somatizaciones en todas las zonas y nos hablan de la gran cantidad de carencias que experimenta el sujeto, que por lo general habrá recibido muy poco o habrá tenido pocas experiencias gratificantes. Estas puntuaciones suelen darse en individuos muy desgastados y en personas obsesionadas con la salud, las cuales tienden a somatizar más.

Las puntuaciones globalmente altas indican pocas carencias, poco desgaste o poca facilidad para somatizar. No es raro que también se den en personas que prestan poca atención a su cuerpo.

En la parte izquierda quedan grabadas, de manera fundamental, todas las experiencias relacionadas con lo recibido. Una persona que somatiza predominantemente en el lado izquierdo ha recibido poco en su contexto familiar y social.

Cuando la somatización se presenta, sobre todo, en el lado derecho quiere decir que existen dificultades para expresarse en el entorno.

Las alteraciones que aparecen en las partes centrales del cuerpo nos hablan de dificultades fuertemente introyectadas y sin resolver. Estas son, por lo general, las más difíciles de resolver.

Necesidades e impedimentos físico-sensitivos

Incluimos una serie de elementos imprescindibles que necesariamente deben incorporarse. No son convenientes, son necesarios, pues aportar a la memoria sensitiva recuerdos placenteros es el primer paso para vivir en salud.

Dentro de las necesidades básicas, haremos alusión a una serie de actividades que facilitarán la incorporación de estos principios necesarios aumentando nuestra calidad de vida. No todas las actividades serán adecuadas de la misma forma para todas las personas, por lo que la elección y dosificación de las mismas se hará en función de las preferencias, condición física y disponibilidad de cada uno. En cualquier caso, no hay que olvidar que alguna actividad habrá que incorporar si realmente se pretende cubrir lo necesario.

1. **Respiración**: respirar es necesario, todos los seres humanos lo hacen pero, hay una serie de elementos que aumentan la calidad de la respiración.

Actividades:

- Procurar un ambiente libre de contaminación
- Ejercicios respiratorios
- Respiración consciente

2. **Descanso**: el sueño diario es imprescindible; la cantidad de horas de sueño variará en función de la edad, la actividad y el ritmo fisiológico de las per-

sonas. En cualquier caso, se deben dormir las horas mínimas que permitan estar lo suficientemente descansados como para desempeñar sin problemas nuestras actividades cotidianas.

Actividades:

- Tiempo suficiente de sueño.
- Descanso no incluido en el sueño, el cual puede hacerse viendo la televisión, charlando relajadamente, leyendo o incluso durmiendo pequeñas siestas. Este tiempo de descanso es independiente del tiempo de sueño.
- Control del tiempo de pie o sentados.
- Relajación, meditación, tiempo de parada.
- Postura adecuada

3. **Alimentación**: es preciso aportar al organismo las proteínas, grasas, vitaminas, minerales e hidratos de carbono que necesita. En ocasiones también es necesario seguir regímenes alimenticios condicionados por enfermedades (diabetes, intolerancias, hipertensión, etc.).

Actividades:

- Alimentación sana y equilibrada.
- Hábitos alimentarios especiales como el vegetarianismo, orden especial en el consumo de alimentos, etc. En estos casos hay que tener en cuenta que los elementos básicos deben estar cubiertos, sobre todo en los niños, sea cual fuere la opción de ingesta.
- Comer despacio, masticando cuidadosamente.

- Regímenes de reducción y aumento de peso (si se requieren).

4. **Higiene y cuidado corporal**: es imprescindible la limpieza diaria de cuerpo a la hora de prevenir enfermedades.

Actividades:

- Baño (complementario a la ducha).
- Ducha.
- Cremas, aceites, etc., en cara y cuerpo.
- Masajes.
- Cuidado de la estética personal.

5. **Ejercicio físico**: es necesario para impedir la atrofia muscular y la rigidez articular y para mantener la relación grasa/masa muscular, que en caso de desequilibrarse a favor de la grasa, disminuirá la calidad y la duración de la vida.

Actividades:

- Paseos.
- Estiramientos.
- Gimnasia.
- Gimnasia pasiva.
- Deportes.
- Actividad física en el trabajo o en los hobbies.
- Danza.
- Yoga (junto la danza, activa el nivel intelectual)

6. **Atención sanitaria**: ya sea con carácter curativo (atender cualquier enfermedad o deterioro que surja a través de consulta médica) o preventivo (intervenir para prevenir la enfermedad).

Actividades:

- Eliminar tóxicos (drogas, tabaco, café, etc.).
- Ingesta suficiente de agua. A no ser que haya una enfermedad de por medio, una orina escasa y concentrada (de color oscuro) indica que debemos hidratarnos más.
- Atención al ritmo de eliminación.
- Atención a la postura corporal.
- Revisión médica periódica.
- No forzar el tono de voz.

7. **Ejercitar los sentidos**: el entrenamiento de los sentidos conlleva la evitación de lo sensitivamente desagradable y la aproximación a lo sensitivamente agradable.

Actividades:

Vista:

Prestar atención a formas, colores, luz, etc.

- Contemplar la naturaleza y las cosas bellas.
- Procurar atender al mayor número de detalles con la vista.

Oído:

- Eliminar ruidos excesivos o desagradables.
- Escuchar música.
- Procurar discriminar detalles en los sonidos.
- Sentir el silencio.

Gusto:

- Discriminar los sabores.
- Comidas y bebidas agradables

Olfato:

- Discriminar los olores.
- Utilizar perfumes.

Tacto (no solo con las manos):

- Aprender a discriminar con el tacto.
- Tocar objetos agradables.
- Tocar el propio cuerpo.
- Tocar a otras personas.
- En el ámbito sexual prestar atención a la caricia sensitiva (genitalidad).
- Usar ropa, sábanas y calzado cómodos, suaves y agradables.

8. **Cuidar el entorno**: la limpieza y el orden son muy importantes.

Actividades:

- Confort: temperatura agradable, comodidad en el mobiliario, etc.
- Cuidar la luminosidad.
- Estética (colores, flores, etc.)
- Intimidad: tener un espacio propio.

Lo percibido por los sentidos a lo largo de la vida queda grabado en la memoria sensitiva. Los recuerdos negativos almacenados en nuestra memoria sensitiva pueden terminar siendo importantes impedimentos. Como contrapunto a las actividades que facilitan el bienestar sensitivo, ahora vamos a señalar las conductas a evitar.

- Mala alimentación
- Descanso insuficiente
- Estrés (prisas)
- Ausencia de ejercicio físico
- Excesivo tiempo sentado o de pie
- Mala iluminación
- Falta de asistencia médica
- Desorden en el entorno
- Ausencia de caricias
- Comer deprisa
- Ruidos
- Ausencia de encuentro con la naturaleza
- Trabajo en exceso
- Malas posturas corporales
- Tóxicos (tabaco, alcohol, excitantes...)
- Forzar la voz
- Falta de espacio propio
- Poca ingestión de agua
- Mala organización del tiempo
- Temperatura inadecuada
- Ropa y calzado inadecuados
- Falta de higiene y estética personal

Sexualidad y nivel físico

En este capítulo, dedicado al nivel físico de la estructura de personalidad, hacemos referencia a lo estrictamente sensitivo en cuanto a la experiencia sexual, es decir, a la estimulación que da lugar al orgasmo.

Para poder experimentar un alto grado de satisfacción sexual es necesario gozar de un buen estado físico. En el cuerpo es donde se vive el sexo, la sexualidad y la erótica, y si este no está bien atendido no podremos disfrutar de todo esto plenamente.

Al igual que es necesario prestar atención a la salud del cuerpo, también lo es atender al contexto sensual del entorno. La sensualidad tiene que ver con el confort, la temperatura, la decoración, la estética y con todo aquello que potencia la estimulación de los sentidos. Esta estimulación puede provenir no sólo del entorno material sino, también de otras personas (estética, olor, posturas...) y de todo aquello que predispone o facilita una activación sexual.

Capítulo VI

Nivel intelectual

La dimensión que mejor caracteriza al Ser Humano, respecto al resto de seres vivos, es la racional-intelectual. Desde muy pequeños vamos a ir desarrollando toda una serie estructuras cognitivas, entre las que se incluyen el lenguaje y la memoria, que van a incidir poderosamente en la paulatina formación de nuestra personalidad y nuestros sistemas de creencias.

Este capítulo aborda cómo se configura el nivel racional-intelectual y los procesos de aprendizaje-crecimiento-cambio que tienen lugar a lo largo de la vida de cada persona.

Hay una gran diferencia entre ser un mero receptor de los procesos vitales a los que nos enfrentamos en nuestra infancia, adolescencia y madurez, y ejercer como agente del propio cambio interior. En este sentido, son muy importantes las relaciones que establecemos con nuestras figuras de referencia vitales, pues será estando en contacto con ellas como podremos interiorizar la autoridad que nos permitirá actuar con confianza y vivir una vida plena.

En el nivel intelectual existen una serie de necesidades básicas que debemos conocer y satisfacer para poder facilitar nuestro proceso de crecimiento. Ahondar en el desarrollo del individuo como agente activo en su propio proceso de maduración, atender al desarrollo de la libertad personal y comprender la forma en la que los miedos nos afectan y afrontarlos es vital para un desarrollo óptimo.

El nivel intelectual cuenta con una faceta volitiva-motivacional que recoge los sueños y proyectos de cada persona en su camino hacia la realización. En este sentido, el plan de vida es una herramienta necesaria para evaluar la forma en que las personas acometen su propio proceso y facilita la consecución de las metas que se desee alcanzar.

Aspectos a destacar:

Conocer la configuración del nivel intelectual, el proceso de aprendizaje, crecimiento y cambio y las necesidades básicas que hay que atender si se pretende un correcto desarrollo.

• Valorar cuales son las características de autoridad que favorecen el proceso evolutivo.

• Comprender la importancia de los referentes externos en el crecimiento personal.

• Conocer los miedos y las causas que los originan y aprender a hacerles frente.

• Abordar la importancia de ser un agente del propio cambio interno como medio para alcanzar metas y objetivos individuales.

• Saber en qué consiste el plan de vida y cómo llevarlo a cabo.

• Aprender a evaluar los sistemas de creencias y la influencia que estos tienen sobre nosotros.

Cuando hablamos de nivel intelectual, nos referimos a los diferentes aspectos que configuran la estructura mental analizando cómo ha sido nuestro aprendizaje en cada uno de ellos y hasta qué punto han sido adecuadas las directrices que han marcado nuestro enfoque vital.

Aspectos que configuran la estructura mental:

- Capacidad intelectual (C.I.)
- Discernimiento.
- Sabiduría.
- Sentido común.
- Fuerza de voluntad.

Capacidad intelectual

Se refiere al potencial que cada Ser Humano posee a la hora de almacenar la instrucción recibida. Es lo que en los estudios de psicodiagnóstico se observa a nivel de puntuación CI (Cociente Intelectual). Cuanto mayor es la capacidad de acumular conceptos de una persona, más inteligente se la considera, pero si dicha capacidad no se acompaña de sabiduría y sentido común, surgirán rivalidades entre quienes quieren demostrar que saben más que otros.

Es muy importante medir bien la capacidad intelectual de las personas, pues si ofrecemos una instrucción insuficiente a una persona con altas capacidades esta se puede aburrir, y podemos saturar y a agobiar con demasiada información a aquellos que están peor dotados.

Los sujetos con alta capacidad intelectual tienen desarrolladas las parcelas de concentración, memoria y atención.

Es necesario que las personas encargadas de transmitir conocimientos tengan una capacidad intelectual alta, pues son muchos los conceptos que se han de manejar para ejercer bien la docencia. Popularmente se entiende que la gente que posee un CI alto tiene una gran capacidad para acumular grandes cantidades de información.

La acumulación y asimilación de la instrucción da lugar a la opinión. Cuanto más instruida está una persona, mejor fundamentadas estarán sus opiniones.

Discernimiento

Hablar de discernimiento es referirse a la capacidad que tiene el Ser Humano para distinguir, en cada situación, lo que se considera más o menos importante. El desarrollo de esta faceta de la estructura mental es imprescindible para aquellos que han de intervenir de manera inmediata en momentos críticos. Es el caso de los profesionales de la salud, por ejemplo. Los estudiantes también suelen beneficiarse mucho de esta capacidad, la cual emplean a la hora de subrayar las partes más importantes de los textos o a la de resolver sus exámenes.

Aquellas personas que tienen muy desarrollada su capacidad de discernimiento suelen ser consideradas muy inteligentes.

Sabiduría

Haber desarrollado esta parcela de la estructura mental implica tener acceso al conocimiento profundo de todo lo que se observa. Los sabios captan la esencia y la configuración de las cosas y las circunstancias; tienen acceso a la verdad

Moverse en conceptos de sabiduría supone acceder a lo más profundo de las personas: su grandeza y dignidad.

Sentido Común

Hace referencia a la mayor o menor capacidad que tiene el Ser Humano para aplicar los conocimientos adquiridos en su propio beneficio y en el de su entorno inmediato. Las personas con alto sentido común aprovechan su instrucción, aunque sea escasa, y obtienen de ella un alto rendimiento. El sentido común, bien entendido, comienza en uno mismo y se puede aplicar en los demás; es lo que popularmente se entiende como "sacarle partido a la vida".

Fuerza de Voluntad

Se obtiene como consecuencia de habernos disciplinado obligándonos a nosotros mismos a hacer lo que haga para alcanzar nuestros objetivos.

Cuando ejecutar una serie de acciones da lugar a resultados beneficiosos se obtiene la fuerza de voluntad y la predisposición para hacer lo que sea necesario a pesar de circunstancias adversas.

En la estructura mental (nivel intelectual), como en los otros niveles de la estructura personal, hemos de considerar un aspecto más exterior y otro más interno.

El aspecto exterior es donde se encuentran los conceptos medibles en los psicodiagnósticos, como la memoria, la atención o la concentración. Este aspecto nos pone en contacto con el entorno y está conformado por el cociente intelectual y la instrucción recibida. Dicho cociente intelectual, acompañado por un buen desarrollo del discernimiento, nos va a permitir contar con un alto nivel de oportunidades para el encuentro con otras personas.

Lo que entendemos por sabiduría y sentido común son aspectos que no son medibles en el psicodiagnóstico y que, según nuestra consideración, forman parte de la estructura más interna de la mente. Nos llevan a asentar con firmeza los principios de esencia que nos permiten ver claramente quiénes somos y qué queremos. En el desarrollo de estos aspectos internos no hay rivalidad, no hay lugar al juicio ni a la impulsividad.

Si estos cuatro apartados se desarrollan a través de un continuo ejercicio y correspondiente disciplina, se dará lugar a la consecución de una vida satisfactoria. Consideramos que la fuerza de voluntad es imprescindible a la hora de alcanzar estas metas.

La parte externa de la inteligencia se desarrolla y la parte interna se despierta.

Aprender, crecer, cambiar

Cuando el Ser Humano no se encuentra satisfecho con su vida, o no se siente aceptado por sus semejantes, se suele plantear la necesidad de un cambio.

El cambio, entendido de este modo, parece suponer un esfuerzo por cambiar el comportamiento, o lo que es más grave, un esfuerzo por cambiar una forma de ser que parece incorrecta.

Queremos ocuparnos aquí de lo que supone en realidad el cambio. El cambio no es solamente deseable cuando algo va mal, pues lo cierto es que es un evento constante en el fenómeno evolutivo. Todo lo que vive cambia, y esto no es consecuencia de la voluntariedad, sino del crecimiento.

Hay un proceso secuencial natural de desarrollo: Aprender→Crecer→Cambiar. Para entender cómo funciona el mecanismo del cambio tomemos un ejemplo: el niño bien nutrido crece, llega a la adolescencia y a la madurez; evidentemente se ha producido un cambio en su cuerpo, pero este no ha sido voluntario, sino una consecuencia de que su organismo ha crecido al haber sido nutrido. De igual manera, el intelecto del niño crece y cambia conforme se va instruyendo.

Es imposible provocar que un niño cambie y pase a ser un adulto de manera brusca. El cambio en las personas no puede provocarse ejerciendo violencia. No debemos esforzarnos por cambiar, sino por aprender, pues el crecimiento y el cambio llegarán de manera natural como consecuencia del aprendizaje. Para poder cambiar hemos de tener la actitud del "eterno aprendiz"

Las plantas no crecen a base de tirones en los tallos, sino porque sus raíces han absorbido los ingredientes adecuados. Si tiro con brusquedad, no voy a posibilitar un crecimiento, sino una ruptura. ¿Por qué pensamos que tratando a los seres humanos a "tirones" crecerán con más rapidez?

NO CAMBIES

Forzar el cambio no es posible ni deseable. Déjalo estar, quédate como estás.

Acéptate a ti mismo tal como eres y el cambio, si es que a fin de cuentas es posible, ya tendrá lugar por sí mismo, cuando lo quiera, y si lo quiere. "Déjate en paz".

El único cambio, es el que viene del hecho de aceptarse a uno mismo. El cambio nunca puede forzarse: el cambio sucede.

La gran paradoja del cambio es que solo conseguimos alcanzarlo cuando nos olvidamos de él.

La resistencia que nos ponemos a nosotros mismos o a cualquier tendencia dentro de nosotros, sirve solo para reforzar esa tendencia, y con eso se hace imposible el cambio.

El cambio sucede cuando sentimos nuestra propia valía viéndonos, y sintiéndonos amados, como personas. No busques el cambio... ¡Déjate querer y quiérete a ti mismo!

Si la evolución y el desarrollo son consecuencia del proceso natural de la vida, hemos de señalar que debemos ser los seres humanos los que faciliten que ese cambio se produzca y no ser nunca un impedimento para dicho desarrollo.

Cuando la apertura de la mente no impide, sino que facilita el desarrollo integral podemos entender que no es una contradicción no forzar el cambio. Nuestra mente ha de tener la claridad suficiente para entender que la vida ha de ser ejercida desde la decisión propia.

Si hay quien afirma que somos co-creadores de vida, según estas reflexiones hemos de intervenir entendiendo el cambio como un proceso de evolución y no como algo que se impone o se fuerza. De ahí que nos atrevamos a exponer el siguiente apartado de agentes de cambio frente a víctimas de cambio, conceptos que, entendidos de esta forma no serán contradictorios a la afirmación anterior de que el cambio sucede naturalmente.

Agentes del cambio, víctimas del cambio

Estar vivos supone participar, queramos o no, en los procesos vitales; necesariamente nos nutrimos, más o menos adecuadamente, y necesariamente nos relacionamos y pensamos. Ahora bien, el grado de participación en la vida y en los sucesos que conlleva no es el mismo para todo el mundo.

Suele decirse que hay tres tipos de personas:

- Los que no se enteran de que ocurren cosas.
- Los que se percatan de lo que ha pasado cuando ya ha sucedido.
- Los que hacen que las cosas sucedan.

Hacer que las cosas sucedan es ser protagonistas de nuestras vidas.

La postura que adoptamos frente a la vida queda reflejada en el lenguaje que habitualmente utilizamos. Frases como: "tengo que...", "necesito..", "no puedo...", "tengo miedo de..." son propias de una postura pasiva. Desde esta perspectiva la persona percibe que la vida no depende de ella y forzosamente se sitúa del lado de las víctimas; la vida ocurre y le arrastra y se siente impotente ante los cambios que suceden.

Situarnos en el lado activo significa provocar los cambios necesarios para desarrollarnos adecuadamente. "Yo dirijo mi vida en función de lo necesario". Desde esta actitud, no cabe la queja, solo tiene sentido el esfuerzo para superar las dificultades que impiden que los deseos se cumplan. Se pasa de ser víctima del cambio a agente del cambio.

Una persona que se ha convertido en un agente de cambio ha dejado atrás la excusa de que no desarrolla sus capacidades porque el medio no se lo permite, porque si este no es favorable hará lo adecuado para mejorarlo, y si esto no es posible cambiará de medio.

Es evidente que, en la sociedad actual, la gran mayoría de la gente ha adoptado el rol de víctima, por lo que el hecho de situarnos del lado activo nos da la impresión de que parece que caminamos contra la corriente, de que somos una rareza. Debemos tomar conciencia de que, sea cual fuere la posición de otros, solo es posible una vida feliz y en libertad si somos capaces de provocarla.

Conducta evitativa/conducta aproximativa

Si vamos a partir del supuesto de que vamos a provocar la vida, debemos tener en cuenta que hay dos enfoques fundamentales en la conducta: el evitativo y el aproximativo.

Habitualmente, nuestras conductas son evitativas; van dirigidas a alejarnos de aquello que nos perjudica. Sin embargo, una vida compuesta de conductas evitativas está continuamente enfocada en lo negativo. Por ejemplo, una persona que quiera superar una adicción que esté permanentemente pensando en no recaer difícilmente llegará a recuperarse, pues sus logros supondrán un esfuerzo tremendo y sus fallos pondrán de manifiesto su incapacidad; tendrá una vida sin emoción en la que predominará la lucha. La verdadera posibilidad de alejarse de su adicción pasa por encontrar una motivación tan atractiva que haga olvidar la adicción misma.

Un enfoque aproximativo de la conducta supone acercarnos a aquello que nos beneficia y nos emociona a la par que nos alejamos de lo que nos perjudica. El efecto de evitar el mal se ha conseguido y el punto de mira se centra únicamente en lo positivo. Solo con una actitud aproximativa aparece la motivación realmente efectiva. Ya no se trata de solamente huir de lo que hace daño, sino de aproximarse a lo necesario y a lo satisfactorio.

Cuando alguien se sitúa en esta actitud aparece la movilización, la vibración, el entusiasmo y, en definitiva, la motivación que nos orienta hacia objetivos personales. Cuando se consigue saber lo que se quiere, se fijan las metas y se planifica la realización de los sueños.

Las personas que se sitúan ante la vida activamente suelen decir:

- **"Elijo"**, en lugar de "tengo que",
- **"Quiero"**, en lugar de "necesito",
- **"No quiero"** en lugar de "no puedo".

- **"Me gustaría"** en lugar de "tengo miedo de"

Plantearse la vida desde estos postulados elimina irremediablemente todo lo que concierne a los miedos, los cuales someten a las personas en su día a día.

Los miedos

Los miedos son la causa principal que impide a los humanos alcanzar sus objetivos. Por miedo, las personas se paralizan o actúan de manera no acorde a sus deseos y necesidades.

Tradicionalmente, se ha educado a muchas generaciones a través del miedo, incluso a sabiendas de que en muchos casos este modo de proceder no era el más adecuado. Es fácil recordar frases como: "si no haces esto va a venir el Coco, o el tío del saco" o "si no te portas bien no te van a querer", las cuales se han utilizado recurrentemente para resolver conflictos con infantes.

Pese a lo mucho que se ha utilizado, el miedo no es una buena herramienta para educar, pues lo único que hace a la larga es paralizar, anular e inquietar al individuo.

Como podemos ver, una de las funciones principales del miedo es, fundamentalmente, la de actuar como paralizante, por lo que se sobreentiende que es uno de los principales impedimentos a la hora de alcanzar objetivos. El miedo impide que nos relacionemos adecuadamente e, incluso, el progreso y el cambio.

Los miedos no son congénitos, de ahí que en los primeros instantes de la infancia, todos los niños sean arriesgados atrevidos y osados; su inocencia y la ausencia de vivencias previas amenazantes no les hacen concebir ningún tipo de miedo.

Los miedos no tienen entidad real, pues pertenecen a conceptos mentales erróneos transmitidos de padres a hijos, normalmente, en el marco del contexto social.

Hay que tratar de entender que los miedos no forman parte de la estructura personal. No nos pertenecen, en algún momento se adhirieron a nosotros, y por lo tanto tenemos la capacidad de aprender a eliminarlos.

La forma de proceder a través de amenazas y de sugerencias de un posible peligro ha dado lugar a gran cantidad de situaciones en las que el miedo ha estado presente. De ahí que se pueda hablar de que existen muchos tipos de miedo.

Miedo al fracaso y/o al éxito

El miedo al fracaso se experimenta cuando alguien pretende alcanzar un alto resultado y teme no poder conseguirlo, o cuando un individuo desea que otros lo consideren con capacidad de resolver importantes objetivos y le amedrenta no poder alcanzarlos. Cuando se pretende dar la talla con arreglo a las expectativas propias o ajenas, aparece la creencia de que no se va a poder conseguir lo que se desea.

La persona que es consciente de sus capacidades reales y actúa de acuerdo con ellas no puede fracasar nunca. A lo sumo puede comprobar que, en determinado campo, sus resultados han sido más bajos de lo que cabría esperar, lo cual puede ser debido a determinadas circunstancias o al no haber aprovechado sus capacidades al máximo. Entendido así no se vive como fracaso.

El miedo al éxito está muy relacionado con el miedo al fracaso. Si alguien queda paralizado por miedo al éxito es porque su autoestima está por debajo de la que considera necesaria para situarse en la circunstancia del éxito. Se da un proceso mental que dice: "Como no soy capaz de desenvolverme en esto, no me interesa". En el fondo del temor al éxito está el temor a fracasar.

El éxito es la culminación necesaria del desarrollo progresivo y adecuado de las capacidades. No tiene sentido tener miedo en estas circunstancias.

En ambos supuestos el miedo sería entendido como una no-aceptación y/o ignorancia del propio nivel de capacidad personal; se trataría de una autovaloración errónea relacionada con un planteamiento no adecuado de metas.

Por tanto, el miedo al fracaso y al éxito desaparece cuando uno es consciente de las propias capacidades y se fija metas acordes a las mismas.

Miedo al rechazo y/o al abandono

Estos miedos se deben a procesos mentales erróneos derivados del empeño en ser aceptados por alguien determinado sin tener la certeza de que aquel tenga la capacidad de aceptar o acoger.

Es razonable entender que si se pide aceptación a personas adecuadas, es muy probable que no rechacen si efectivamente tienen capacidad de acogida.

El miedo al rechazo es causado, fundamentalmente, por la creencia de que no se posee la calidad suficiente para ser aceptados por otros, sin tener en cuenta si estos son capaces o no de acoger.

El miedo al abandono está muy relacionado con el miedo al rechazo. El temor a ser abandonado implica el no sentirse lo suficientemente válido como para mantener cerca a quienes se quiere o admira.

Las personas que tienen este tipo de miedos suelen presentar una autoestima muy baja y dificultades para entablar relaciones.

Estos miedos desaparecen cuando enriquecemos nuestras relaciones aproximándonos a sujetos con un gran desarrollo personal, pues en estas circunstancias la autoestima tiende a subir.

Miedo a la pérdida

El miedo a la pérdida está emparentado con el miedo al rechazo y al abandono, pues tiene en común con ellos el hecho de que aquellos que lo experimentan también se sienten culpables.

El miedo a la pérdida tiene que ver de alguna forma con el apego hacia los objetos o las personas que se desean retener. Debemos tener en cuenta que insistir en el deseo de poseer a alguien provoca en tales personas una reacción de retirada ante la presión que experimentan al sentirse retenidos. El temor a la pérdida ata al objeto de deseo e impide disfrutarlo en paz.

Cuando las personas cubren sus necesidades de forma natural y en abundancia y pueden recurrir a diferentes fuentes para obtener los nutrientes necesarios, no experimentan temor cuando alguna de estas fuentes desaparece.

Enfocarse en cada encuentro y vivirlo con intensidad evitará, no sólo el miedo a la pérdida, sino la pérdida misma. El individuo nutrido disfruta de las cosas y las personas sin temor a perderlas, las goza mientras están y si desaparecen está abierto a nuevas experiencias.

Miedo a la muerte

El miedo a la muerte lo experimentan aquellas personas que, al adquirir consciencia de que su propia existencia tiene un final, consideran que "eso no estaba previsto" y que es una mala jugada del destino. No se trata, como en el miedo a la pérdida, de desprenderse de objetos o de otras personas, sino de la propia vida.

Las personas que temen a la muerte no se hacen a la idea de que esta sea realmente posible y se empeñan, de manera encubierta, en esquivarla.

Es un miedo muy común; sin embargo la muerte es una consecuencia natural de la vida; son dos polos de un mismo continuo. Si se vive la vida intensamente, no hay razón para temer la muerte, pues esta sería simplemente un paso más.

El miedo a la muerte indica que no se está viviendo en plenitud y está relacionado con el hecho de "no atreverse a vivir".

Evitar el miedo a morir es lanzarse a vivir, es adelantar los sueños de tal manera que nunca nos sorprenda la muerte con algo que quisimos hacer y por pereza o temor no hicimos. Vivir intensamente cada presente nos inmuniza contra el miedo a la muerte.

Miedo a lo desconocido

El miedo a lo desconocido puede relacionarse con todos los tipos de miedos que hemos enumerado. Esto es porque se supone que tememos a lo que va a suceder en cualquiera de los aspectos anteriormente citados, cuando realmente no somos conscientes de que todo lo que va a acontecer no puede manejarse ni fijarse con certeza, pues pertenece al mundo de lo futurible y, por tanto, no hay dominio sobre ello.

Es el más absurdo de todos los miedos. ¿Qué nos hace suponer que lo que no conocemos debe ser necesariamente evitable?

El Ser Humano está dotado de creatividad para reaccionar de forma no estereotipada ante situaciones nuevas. Si adquirimos esta capacidad sabremos que ningún acontecimiento es exactamente igual a otro y nos daremos cuenta de que la vida es una sucesión de situaciones desconocidas que resolveremos con éxito porque estamos dotados para ello.

La aceptación de las capacidades, la desinhibición, y la vivencia del presente evitarán el miedo a lo desconocido.

NOTA: La eliminación de los miedos nos lleva irremediablemente a vivir en libertad*.

Ejercicio: *qué es libertad

Se anota todo aquello que una persona considera que es libertad, y que tiene que ver con: (enumeramos una serie de posibilidades y que cada persona puede ampliar)

Libertad es...

- Ser uno mismo sin tener que demostrar nada.
- Hacer lo necesario para vivir independientemente de los demás, económica y mentalmente.

- Autoaceptación.
- Saber decir no.
- Posibilidad de pensar y actuar por uno mismo.
- Hacer lo que se debe hacer.
- Es un valor.
- Poder elegir.
- Tener las necesidades cubiertas.
- Coherencia.
- Poder ejercer nuestros derechos.
- Algo innato, intrínseco que hay que desarrollar.
- Hacer lo necesario.
- Poner el medio al servicio de la motivación personal.
- Una actitud.
- Que los deseos coincidan con lo necesario.
- Tomar conciencia de la realidad inadecuada.
- Aceptar el riesgo de vivir.
- No depender de opiniones.
- Planificación en conceptos de verdad.
- Vivir la vida como es.
- Elegir y decidir la propia vida sin atentar contra la integridad personal ni ajena.
- Tener conocimiento para decidir.
- Ser responsable y consecuente.
- Ser autónomo.
- Tomar decisiones.
- ...etc

De igual manera se enumera lo que cada persona considera con certeza que no es libertad y que, a modo de ejemplo, podría ser:

La Libertad no es...

- Que decidan por ti.
- Depender de las carencias.
- Actuar por impulsos.
- Coacción de cualquier tipo.
- Sometimiento.
- Chantaje emocional.
- Imposición.
- Ser lo que otros esperan de ti.
- Tener que demostrar.
- No hacer lo necesario.
- Atentar contra la integridad personal.
- Tener miedo.
- Dependencia.
- Depender de los resultados.
- Libertinaje.
- Utopía.
- Infravaloración.
- Orgullo.
- Vivir en el "necesito", "tengo que", "no puedo"...
- Hacer lo que nos dé la gana.
- No tener las necesidades básicas cubiertas.
- Tener limitaciones.
- Vivir en el pasado o en el futuro.

- Vivir como creemos que no debemos vivir.
- Intolerancia.
- Rigidez.
- No ser capaz de tomar decisiones.
- Ignorancia.
- Servilismo.
- Culpa.
- Egocentrismo.
- Estar desinformado.

Por último se escribe lo contrario a lo que se ha escrito como lo que no es libertad y nos dará lo que en principio consideramos que era libertad y aparecerán nuevos conceptos. En este ejemplo los resultados son:

Libertad no es.....	Lo contrario es ....
Que decidan por ti.	Decisión propia.
Depender de las carencias.	Cubrir necesidades.
Actuar por impulsos.	Madurez en la elección.
Coacción de cualquier tipo.	Capacidad de elección.
Sometimiento.	Insumisión.
Chantaje emocional.	Distancia afectiva.
Imposición.	Elección.
Ser lo que otros esperan de ti.	Autenticidad.
Tener que demostrar.	Actuar por uno mismo.
No hacer lo necesario.	Hacer lo necesario.
Atentar contra la integridad personal.	Legítima defensa.
Tener miedo.	Tener conocimiento.
Dependencia.	Independencia.
Depender de los resultados.	El resultado no nos pertenece.

Libertinaje.	Adecuación a la verdad.
Utopía.	Evidencia.
Infravaloración.	Valoración adecuada.
Orgullo.	Humildad.
Vivir en el "necesito", "tengo que", "no puedo"...	Vivir en el elijo, quiero, no quiero...
Hacer lo que nos da la gana.	Hacer lo que es querido.
No tener las necesidades básicas cubiertas.	Cubrir necesidades.
Tener limitaciones.	Aceptar capacidades.
Vivir en el pasado o en el futuro.	Vivir en el presente.
Vivir como creemos que no debemos vivir.	Vivir en consecuencia.
Intolerancia.	Tolerancia.
Rigidez.	Flexibilidad.
No ser capaz de tomar decisiones.	Tomar decisiones.
Ignorancia.	Información.
Servilismo.	Autonomía.
Culpa.	Correcto conocimiento.
Egocentrismo.	Solidaridad.
	Estar informado.
	Estar desinformado.

La vida significa riesgo; ir de lo conocido a lo desconocido, de una cumbre a otra, siempre coronando cimas que no han sido escaladas antes [...], solo entonces conocerás lo que es la vida. Viviendo arriesgadamente uno conoce la integración [...], uno atraviesa el fuego y se convierte en oro puro.

OSHO

Los referentes externos

La erradicación de los miedos es la consecuencia de experiencias satisfactorias impulsadas por quienes previamente han tenido la oportunidad de vivir vidas intensas y atractivas. Por eso, a lo largo de su existencia, las personas han de relacionarse con otras que las sirvan de referentes externos y las ayuden a crecer.

Los referentes externos son quienes realmente facilitan a la persona encontrar la direccionalidad de su vida. Aparte, los sujetos reciben y asimilan como suyas las características de dichos referentes.

Los individuos se consideran con suficiente madurez para actuar de manera autónoma cuando las características que reciben de sus referentes externos actúan como estímulos activadores del potencial humano que radica en ellos.

Cada referente adecuado debería estar configurado por las siguientes características: satisfacción, orientación, asesoría, indicación y guía.

Satisfacción personal

Es aquella característica que irradia aquel que ha alcanzado determinado objetivo y se muestra tan sumamente entusiasmado que se vuelve atractivo. El contacto con ellos hace que las personas de su entorno sientan el deseo de conseguir lo mismo. Logran contagiar su entusiasmo y motivan a los otros para que consigan sus objetivos. Por ejemplo, cuando un niño dice "quiero ser como papá" se debe a que este quiere ser igual de feliz que su padre.

Estos referentes no tienen por qué ser cercanos (si lo son mejor) y no es necesario imitar todas sus acciones.

Desde este punto de vista, la motivación no depende de uno mismo sino de los referentes de quienes se ha aprendido en la vida. Una persona que no ha disfrutado de buenos referentes es muy posible que experimente una escasa motivación.

Orientación

Esta característica nos muestra las razones por las que una persona justifica el atractivo de la situación o actividad que propone. Por ejemplo, puede gustar una ciudad no porqué se nació en ella, que puede ser razón suficiente para el que lo propone, sino porque esta contiene elementos objetivamente interesantes: paisajes pintorescos, gastronomía atractiva, personas acogedoras, etc.

La orientación tiene que ver con lo interesante que puede ser conocer lo que nos ofrece el referente. Es la razón por la cual todo sujeto puede justificar el esfuerzo que supone alcanzar lo que se le propone.

Asesoría

Es la atención que presta el referente a las personas a las que propone determinadas actividades tras haber tenido en cuenta las capacidades y necesidades de estos.

Esta característica contiene los elementos de acogida y atención a las personas. Por ejemplo: si alguien quiere dirigirse a algún lugar determinado, a través de la asesoría deberíamos conocer si el sujeto que se dirige a tal lugar reúne las características adecuadas para acceder a él. Imaginemos que dicho sujeto es asmático y desea escalar una montaña, en ese caso tendríamos que aconsejarle llevar botellas de oxígeno a parte de la medicación que precisa.

Indicación

Esta característica muestra la dirección que debemos tomar en relación a dónde nos queremos dirigir. La indicación solamente señala la dirección adecuada, en ningún caso obliga a recorrerla.

Esta característica da por supuesto que lo que se indica es verdadero, pues cuenta con la garantía de resultados previamente contrastados. Las indicaciones han de ser siempre verdaderas, claras e indiscutibles. Son parecidas a las señales de tráfico; están ahí porque la autoridad competente en ese tema las puso, y si no queremos tener problemas es necesario seguirlas.

Guía

Quien posea esta característica pondrá su experiencia a nuestro servicio acompañándonos por los caminos que previamente él ha recorrido y por tanto conoce.

La guía puede afrontarse de dos maneras distintas:

— Evitando sobre la marcha los posibles peligros del recorrido.

— Facilitando el recorrido tras haber previsto los peligros para que nos podamos recrear en los aspectos más agradables del camino.

Por ejemplo a la hora de hacer un recorrido en todoterreno por el desierto bien podríamos partir sin prevención alguna, o bien podríamos prever las posibles dificultades y pertrecharnos adecuadamente.

Consideraciones

Sería deseable que todo referente reuniera en sí mismo todas las características que hemos mencionado. Sin embargo, todas estas funciones no siempre se encuentran en la misma persona, por lo que se hace imprescindible acceder a otros referentes que nos faciliten las características complementarias.

Todo Ser Humano debería beneficiarse de todas las características enumeradas. Todos deberíamos saber disfrutar de la vida con actuaciones objetivamente interesantes, conociendo nuestras fortalezas y debilidades, no autoengañándonos y atreviéndonos a vivir con intensidad.

Características de autoridad

Nuestro comportamiento tiene un doble componente de base: lo genético (heredado) y lo aprendido (adquirido). Es precisamente en este último donde juegan un papel fundamental los referentes de los que aprendemos las pautas que incorporamos en nosotros mismos. Durante toda la vida nos apoyamos en referentes externos para afianzar nuestra conducta: autores de referencia, el director de la empresa en que trabajamos, un agente social, nuestros padres etc… Parece que estas personas ofrecen con su ejemplo la orientación que necesitamos a la hora de tomar decisiones, centrar nuestros objetivos y planificar la manera de alcanzar nuestros sueños.

Vamos a enumerar las características de tales personas:

- Se sienten satisfechas consigo mismas.
- Tienen resultados objetivos para aportar.
- Se muestran agradables y atractivos cuando alguien se les acerca y no reprochan que alguien se distancie de ellos.
- Son incondicionales (no esperan nada a cambio).
- No emiten juicios acerca del comportamiento de los demás.
- Disfrutan con lo que hacen.
- Siguen su propio camino de manera constante, y al igual que el sol y la sombra, no esperan.
- No tienen preferidos.
- Viven en función de sí mismos, pero actúan al servicio de quienes les rodean.
- Aceptan en relación a su propia capacidad sin tener en cuenta los méritos de quienes se les acercan.

Asimismo, sería conveniente que todo referente reuniera el mayor número de características de autoridad, entendiendo por autoridad en el desarrollo humano el conocimiento teórico y la puesta en práctica de principios imprescindibles para la configuración de una persona en un alto nivel de desarrollo. Una persona con autoridad es aquella que posee un conocimiento evidente y es un ejemplo de vida.

Es necesario entender que cuando hablamos de autoridad no nos referimos al autoritarismo, pues este anula, agrede, no respeta y es un impedimento al desarrollo (impone simplemente por el hecho de querer llevar razón en su posición de poder).

Ya hemos dicho que el Ser Humano al nacer lleva consigo una serie de capacidades. Tiene fuerza, pero necesita del medio para desarrollarla. El contacto con las figuras de autoridad en diferentes materias posibilita la activación del potencial y que dicha fuerza se convierta en seguridad.

Deberían ser figuras de autoridad los padres, los cuales aparecen en primer lugar en la historia evolutiva del niño, los docentes, los cuidadores y todas aquellas personas capaces de proporcionar, fundamentalmente, acogida y orientación, así como los jefes, autores de referencia y etc. siempre que sean ejemplos de vida personal. Pero cuando las personas mencionadas anteriormente no reúnen tales características, pueden surgir inseguridades, baja autoestima, conflictos y resistencias.

Los Seres Humanos que a lo largo de su desarrollo han convivido con figuras de autoridad tienen garantizada una estructura de personalidad sana; de no haber sido así, este ha de esforzarse por encontrar dichas figuras. No sólo las personas, también algunas instituciones tienen características de autoridad que son absolutamente necesarias para vivir en salud.

Pasamos a enumerar una serie de características de las figuras de autoridad que consideramos necesarias para que despierten en otros su propio potencial.

Listado de características de autoridad en relación al desarrollo humano.

Sinceridad/Coherencia	Actuar acorde al propio pensamiento/creencias.
Inteligencia	Capacidad intelectual para captar y expresar adecuadamente.
Discernimiento	Capacidad de discriminación. Facilita saber priorizar.
Capacidad de decisión	Conocer el objetivo y persistir en la acción.
Sabiduría	Conocimiento esencial de cada actividad o situación.
Sentido común	Utilizar lo adecuado en beneficio propio y, como consecuencia, en el de los demás.
Disciplina	Persistir en la actuación necesaria.
Persistencia/Constancia	Permanecer sistemáticamente.
Fuerza de voluntad	Consecuencia de una disciplina y constancia en lo adecuado.
Respeto/Aceptación	Admitir la diversidad.
Responsabilidad	Asumir las consecuencias de las acciones.
Marcar pautas	Inculcar reglas y encauzar en función de la necesidad del educando.
Saber apoyar	Aportar claves que permitan desarrollo individual.
Firmeza	La opinión de otro no debe impedir la consecución de la verdad.
Seguridad	Certeza y evidencia en lo que se expone.
Objetividad	Moverse por evidencias demostrables.
Respeto a la norma	Actuar en función de lo que es querido.

Justicia/Equidad	Dar a cada educando lo que necesita proporcionalmente en función de sus características y no a todos por igual.
Asertividad	Ser transmisor de principios de verdad, no de opinión.
Serenidad	No hacer propio el sentir o pensamiento ajeno.
Accesibilidad	Estar cuando se es requerido.
Humildad	Inteligencia suficiente para aceptar lo que las cosas son.
Tolerancia	Aceptar los diferentes puntos de vista.
Valorar y reconocer	Independientemente de las acciones. Un buen educador puede no aprobar una conducta, pero jamás descalifica a una persona.
Entrega en gratuidad	Lo que se entrega procede de la excedencia y, por tanto, no pasa factura.
Capacidad de acogida / Empatía	Aceptar incondicionalmente.
Amabilidad	Educar con una sonrisa.
Capacidad de escucha	Dejar hablar a término.
Experiencia / rentabilidad	Actuar con resultados previos, no por opiniones.
Presencia	Cercanía física. No se puede educar a distancia.
Capacidad de perdón	Aceptar la situación.
Compromiso	Obligarse a una acción por la experiencia satisfactoria previa.
Economía	Suficiencia en cuanto a recursos materiales en su vida personal.

Una vez expuestas las características de autoridad que aparecen en las figuras referentes, se aporta una herramienta que permite evaluar la presencia de dichas características en uno mismo.

En la siguiente tabla se señala con una **-X-** si se reconoce dicha característica en cada una de las figuras de autoridad que aparecen en las columnas. En caso de duda, se deja en blanco

Rasgos de autoridad

	YO	DE 0 A 14 AÑOS								DE 15 AÑOS EN ADELANTE				
		PADRE	MADRE	FAMILIARES	PROFESORES	PROFESIONALES	ECLESIÁSTICOS	POLÍTICOS	PSICÓLOGOS	PAREJA	AMIGOS	JEFES	PROFESORES	MAESTROS DE VIDA
Sinceridad														
Inteligencia														
Disciplina														
Respeto														
Responsabilidad														
Marcar pautas														
Don de mando														
Saber apoyar														
Firmeza														
Seguridad														
Capacidad de decisión														
Objetividad														
Respeto a la norma														
Economía														
Justicia														
Coherencia														
Comprensión														
Fuerza														
Serenidad														
Accesibilidad														
Comunicación														
Humildad														
Cariño														
Tolerancia														
Valorar y reconocer														
Entrega gratuita														
No exigencia														
Capacidad de acogida														
Amabilidad														
Constancia														
Disponibilidad														
Flexibilidad														
Capacidad de escucha														
Experiencia y conocimiento														
Presencia														
Capacidad de perdón														
Compromiso														

En una primera columna se refleja si la persona observa la característica de autoridad en sí mismo. El primer bloque comprende de los 0 a los 14 años. El segundo bloque va desde los 15 años en adelante. Para tener certeza sobre una cualidad que observo en mí ha de estar refrendada por el 60% de las casillas de esa cualidad o característica.

La fórmula del éxito

Cuando nos encontramos con personas que han triunfado en cualquier parcela de la vida son habituales dos tipos de juicios: o bien se piensa que son personas favorecidas por la suerte o bien, que son extraordinariamente capaces. En general la mayoría de la gente piensa que nunca tendrá acceso a determinados logros por su falta de capacidad o de suerte.

Siempre hemos oído que el éxito tiene que ver con la consecución de algún objetivo o la finalización de algún proyecto. Sin embargo, cuando hablamos de desarrollo humano el éxito debe entenderse como una forma de vivir.

El éxito no es un punto de llegada, sino la manera de vivir el camino. Cuando hablamos de éxito nos estamos refiriendo a las consecuencias irremediables de toda acción. Por ejemplo, si se nos cae un vaso de cristal al suelo y se rompe, el hecho de que se parta en añicos ese vaso de cristal denota que las leyes de la naturaleza se han cumplido con éxito aunque sus consecuencias no nos agraden. Entendido de esta forma, el éxito convive con nosotros y vivimos por tanto en un éxito continuo, por ser nuestra vida la consecuencia irremediable de toda acción.

Vamos a exponer lo que puede considerarse una fórmula de éxito:

POR QUÉ + CÓMO + ACCIÓN = ÉXITO

En primer lugar, como hemos comentado anteriormente, el éxito no es un fin, es un camino, un proceso dinámico basado en la consecución progresiva de objetivos, y por tanto, una persona exitosa es aquella que ejecuta la fórmula del éxito.

Por qué

Acerca de la misión, propósito y razón última

Cualquier acción que se emprenda en la vida necesita para ser llevada a cabo un por qué, un propósito. Cuanto más fuerte sea este propósito y más importante sea para el sujeto, mayor será la motivación para realizarlo, y las circunstancias negativas no se verán como impedimentos insalvables, sino como dificultades a superar. Es por todos conocido, por ejemplo, que una madre hace por sus hijos cosas que no sería capaz de hacer por ningún otro motivo. Por eso, para obtener éxito, da igual en qué parcela de la vida, es fundamental tener un propósito claro.

Como estamos hablando de desarrollo personal, tenemos que distinguir dos apartados dentro del por qué: la misión o propósito de todo Ser Humano y los objetivos particulares.

El propósito de todo Ser Humano es desarrollar al máximo sus capacidades a nivel físico, afectivo e intelectual, emergiendo en consecuencia la libertad, la integridad, la solidaridad y el amor, pues son sus características de esencia y le son innatas. El mayor o menor desarrollo de estas capacidades va a influir no solo en su grado de satisfacción y bienestar y en su sensación de autorrealización, sino también en su entorno inmediato, en el sistema global y en el cosmos. Podemos decir, por tanto, que este sería el programa general de una vida.

Pero todo programa incluye una serie de departamentos, funciones u objetivos particulares que unidos darán sentido a esa planificación global.

Así pues, todos los seres humanos, aún teniendo una misión unánime, que es conseguir el máximo bienestar personal, tienen a su vez una función específica o razón última: construir de forma singular cada día de su existencia, pues todo Ser Humano, al ser único, desea desarrollar sus capacidades de una manera particular.

Acerca de la función

Todo cuanto existe en la naturaleza tiene una función. Según la Teoría de Sistemas, los seres vivos actúan como sistemas autónomos que se interrelacionan con el medio. El desequilibrio de uno de los sistemas influye invariablemente en los sistemas de rango superior.

El Ser Humano como individuo único e irrepetible hace que la función asignada a cada uno sea insustituible; ningún otro individuo la puede cubrir. No hay seres humanos mejores o peores que otros, pero si existen peculiaridades en los niveles creativos, que son estrictamente personales.

Para comprender mejor cuál sería la función del Ser Humano, podemos poner el ejemplo de un campo con diferentes parcelas de cultivo: cada persona cubre una parcela de terreno que solo él puede cultivar. Esa parcela contiene un determinado potencial. De la mayor o menor utilización de este, de la asesoría que reciba y de los ingredientes que utilice para cultivar dicha parcela, va a depender el resultado; y si este potencial se utiliza en condiciones óptimas, en la parcela crecerán hermosas flores y frutos apetecibles.

El placer que produce a quien cultiva su parcela verla bien cuidada sería comparable a la satisfacción personal de sentirse cubierto, con las capacidades desarrolladas al máximo.

Ahora bien, el Ser Humano no vive solo; es solidario por naturaleza. Si continuamos con el ejemplo, es lógico que se pida consejo a quienes tienen su parcela bien cuidada y consiguieron un evidente resultado.

En nuestro ejemplo el hecho de orientar a los vecinos de parcela acerca de cómo cuidarla adecuadamente redunda también en el propio beneficio; es más agradable vivir en un entorno hermoso que en un erial.

Por tanto, todos los seres humanos deben, en primer lugar, desarrollar sus capacidades al máximo, buscando el conocimiento, la orientación y los ingredientes necesarios para ello. Cuando está suficientemente crecido forzosamente se hace notar en el medio, se convierte en referencial para aquellos que quieran lograr lo que él consiguió. Entonces su función será remitir a otros a las fuentes de donde tomó lo necesario. Así pues, el primer paso en cuanto al crecimiento personal será recibir y, nutrirse adecuadamente y el siguiente paso, dar e intervenir en el medio.

Acerca de los sueños

Con frecuencia las personas no tienen sueños definidos. Esto se debe, habitualmente, a que en su vida no estuvieron cerca de personas emprendedoras y entusiastas que le sirvieran de ejemplo. Es, por tanto, necesario estar en contacto con personas que disfruten y se emocionen con lo que hacen.

Otro motivo por el que las personas tienen dificultad para despertar los sueños es porque no se creen capaces de conseguirlos. Será importante tener en cuenta que si se hace una valoración de las capacidades reales, con una asesoría adecuada y una planificación correcta, cualquier sueño que emocione puede conseguirse.

Acerca de los objetivos

Pero todos los programas dirigidos a hacer realidad los sueños engloban a su vez proyectos menores que sirven al propósito general.

Los objetivos a medio o largo plazo son el motor que impulsa la acción. No es posible conseguir un proyecto si los objetivos no son adecuados.

Para que un objetivo sea adecuado debe cumplir una serie de condiciones:

- Personal: elegido por uno mismo, no impuesto por otros.
- Gratificante: por él la persona sería capaz de hacer ese esfuerzo extra y cualquier cosa que fuese necesaria; debe movilizar la emoción.
- Claro y definido.

Los objetivos no deben atentar contra las características de esencia (libertad, integridad, solidaridad y amor) propias o de otros, sino que deben contener los ingredientes necesarios que las favorezcan.

Los objetivos que conducen a los sueños de cada persona son prácticamente ilimitados. Cuando unos objetivos se cumplen, aparecen otros nuevos; por eso han de realizarse lo antes posible, para facilitar el cumplimiento de los siguientes.

Los objetivos y proyectos nunca han de considerarse como fines en sí mismos, sino como los medios para conseguir otros fines.

Acerca de las metas

Metas son los pasos intermedios y necesarios para cumplir un objetivo. Si un objetivo es ganar una competición deportiva, las metas serían las determinadas horas de entrenamiento diario.

Al igual que los objetivos, las metas, para ser adecuadas han de tener una serie de características:

- **Personales:** tienen que ser personales para que podamos vincularnos con ellas. No tiene sentido proponerse metas que no importan. Tienen que afectar personalmente; no es válida si depende de otro el conseguirla. Una meta no es: "que nos quiera alguien", sería en todo caso "ponernos atractivos".

- **Alcanzables:** han de ser alcanzables; tenemos que poder conseguirlas a través de esfuerzos propios. No sería realista si se propusieran metas dependientes de circunstancias externas sobre las que no se tiene control; por ejemplo la lotería. No deben plantearse demasiado bajas porque no motivan, ni demasiado altas porque, si no se cumplen, generan frustración.

- **Inconfundible:** una meta inconfundible está formulada tan nítidamente que se sabe exactamente hacia dónde se han de dirigir los esfuerzos; por ejemplo, en relación a un viaje, se trataría de conocer exactamente el punto de destino, el tiempo de permanencia y el medio de transporte.

- **Concisa:** una meta concisa y delimitada ayuda a saber exactamente lo que se pretende alcanzar. Por ejemplo, una meta correcta, en cuanto a realizar ejercicio físico sería: "correr de qué lugar a qué lugar".

- **Mensurable:** una meta tiene que ser mensurable para que se pueda observar el progreso obtenido."Correr veinte minutos diarios".

- **Comprobable:** de las metas comprobables puede decirse que se han alcanzado y que otros las pueden conseguir. Por tanto, se han de fijar etapas periódicas de revisión de las metas propuestas.

A modo de conclusión podemos considerar que: Misión, sueños, objetivos y metas marcan la dirección del ser humano. Tener claros estos cuatro conceptos significa saber hacia dónde vamos. Si objetivos y metas son adecuados, se cumplirán los sueños y se llevará a cabo la misión.

Cómo

Una vez que está claro lo que se pretende conseguir, el siguiente paso es cómo realizarlo; saber planificar de tal manera que todos los ingredientes necesarios para la consecución de los fines planteados estén presentes en nuestros proyectos, tanto a corto como a medio y largo plazo, en relación a nuestras características físicas y psíquicas. En definitiva, diseñar un programa de intervención.

Cuando nos planteamos llevar a cabo la realización de los sueños, no tenemos más remedio que recurrir a profesionales y expertos que nos faciliten la planificación más adecuada para el desarrollo de nuestras capacidades y la consecución de tales intereses.

Es en este apartado donde hemos de ir al encuentro de expertos, guías y asesores en desarrollo personal. Esta asignatura en la mayoría de los casos queda pendiente, pues la mayoría de la gente no ha tenido la oportunidad de encontrar personas que sepan disfrutar de la vida y transmitir cómo lo hacen.

Como se puede observar, el planteamiento autodidacta no tiene cabida en esta fórmula del éxito. Uno, por sí mismo, solo llega a ratificar lo ya conocido y a adentrarse muy moderadamente en temas por descubrir; el riesgo que supone vivir intensamente no se puede practicar por el temor a no conseguir lo deseado por desconocimiento.

Necesitamos, por tanto, que vayan por delante personas que ya hayan recorrido el camino.

El cómo se lleva a cabo respetando la individualidad de cada sujeto, al tiempo que se sigue conviviendo en colectividad.

Acción

La ejecución del plan de acción (plan de vida) planteado en el cómo de nuestra fórmula del éxito, exige el cumplimiento exhaustivo del mismo, es decir, realizar el 100% de todas las actividades previstas en él.

Al igual que una caja de caudales no puede abrirse hasta que no se conocen todos los números de la combinación, un proyecto no tiene garantía de éxito hasta que todos los pasos del plan de acción no se ejecutan.

Conviene aquí recordar que desarrollar al máximo las capacidades de la persona no es un concepto comparativo. Cada Ser Humano es único, su propósito es ser el mejor "yo" posible y sus objetivos deben estar marcados en función de sus capacidades reales, por tanto el ejecutar al 100% es perfectamente posible porque el 100% de cada uno es diferente.

Una vez llevado a cabo el cumplimiento de tales actividades durante un tiempo establecido, y a tenor de los resultados obtenidos, se podrá plantear de nuevo si el cómo que se había planificado ha de modificarse. Estos cambios se habrán de realizar siempre bajo la supervisión de un asesor experto en el tema.

No obstante, el ejecutar al 100% el plan diseñado tiene como posible dificultad el no tener hábito en el cumplimiento de tales tareas. Para llevar a cabo la fórmula que se propone, esta se ha de afrontar desde la mejor disponibilidad, pero sin la absoluta certeza de que se vaya a llevar a término exhaustivamente. Por todo ello, ejecutar dicha fórmula es más un fuerte deseo que la seguridad de un compromiso.

El compromiso denota que, teniendo la seguridad del resultado adecuado obtenido anteriormente, no hay miedo a no poder realizarlo a pesar de las dificultades que se puedan encontrar en el camino; supone la certeza de que se puede ejecutar lo previsto.

El compromiso nunca ha de vivirse como una imposición, sino como la garantía de que algo conocido de forma adecuada se puede volver a repetir. Es una nueva opción.

Aquí entra en juego otro factor muy importante: la persistencia. Persistir supone no interrumpir la ejecución aunque los resultados apetecidos no aparezcan en el tiempo previsto. La persistencia va directamente unida a la importancia del propósito. Fácilmente nos hartaremos de esperar para obtener mesa en un restaurante, o para ver una película, pero, volviendo al ejemplo de las madres, difícilmente una madre se cansará de pedir alimento para sus hijos.

Una vez iniciado el programa de intervención hay que desprenderse de los resultados, pues la persistencia garantiza el logro de lo proyectado.

Como conclusión podemos afirmar que, cuando un Ser Humano decide que desarrollarse al límite de su capacidad es la tarea más importante en su vida, no tiene más remedio que plantearse elaborar un programa de intervención adecuado y ejecutarlo. La ejecución de lo planteado garantiza el éxito.

Integración, parada, doble atención

Las funciones de los niveles de estructura de personalidad (físico, intelectual y afectivo) han de situarse al servicio del ser. Habitualmente, sin embargo, no lo están y, a veces, constituyen impedimentos.

La frase "hay que quitar cabeza" es de uso frecuente cuando nos encontramos ante una persona cuyo impedimento es el nivel intelectual. Sin embargo no se trata de "quitar cabeza" sino de utilizarla bien.

Estamos muy habituados a movernos en los pensamientos, que son los términos dinámicos de nuestro nivel intelectual. Utilizar adecuadamente estas dinámicas sería introducir pensamientos positivos, planificar etc. Sin embargo hay dos aspectos de la mente a los que no se presta demasiada atención que son el reposo y la consciencia, y vamos a tratar de detenernos un poco en ellos.

Todos estamos familiarizados con aquietar el cuerpo reposando físicamente, pero sosegar la mente es también necesario.

Los ejercicios de meditación son habituales en determinadas culturas, pero son mirados, en ocasiones, con cierto recelo por los occidentales. Sin embargo, existen estudios que demuestran que la práctica de la meditación provoca cambios en los niveles de colesterol y adrenalina y modifica los ritmos respiratorio y cardiaco. Para muchos expertos la meditación tiene carácter terapéutico por sí sola.

Los ejercicios de meditación constituyen, en primer lugar, un proceso de integración de los tres niveles. Nos ayudan a reencontrarnos con nosotros mismos y a sentirnos únicos. Suponen una parada en la actividad diaria que nos ayuda a tomar consciencia de que somos algo distinto de los actos que realizamos.

La parada y respirar siendo conscientes de que lo hacemos sirven para establecer ese corte imprescindible entre una actividad y otra, facilitan la toma de consciencia del presente y permiten eliminar los pensamientos sobre momentos pasados.

La doble atención consiste en mantener consciencia de nosotros mismos mediante la respiración y la postura, y simultáneamente estar alerta al medio, a las personas que interactúan con nosotros y etc.

Somos nosotros los que vivimos, no "nos vive la vida".

Necesidades del nivel intelectual

Una mente equilibrada es producto de la incorporación de una serie de nutrientes que activan su lucidez. La estructura mental requiere, por tanto que sean cubiertas las necesidades que tienen que ver con su capacidad, su discernimiento, su sentido común y su sabiduría que, a través de una disciplina adecuada, darán lugar a la fuerza de voluntad.

Referentes externos

- Satisfacción personal, orientador, asesor, indicador y guía.

Moverse en conceptos de evidencia

- Saber diferenciar entre la evidencia y la opinión.
- Evitar prejuicios.
- Comunicación correcta.

Tener motivaciones claras

- Propósito, finalidad y razón última.
- Objetivos y sueños.
- Metas y esfuerzo dosificado.

Planificar tiempo y actividades

- Agenda.
- Priorizar en razón de lo necesario o de lo emergente, nunca de lo urgente.
- Tiempo diario para revisión y planificación.
- No dejar temas pendientes si es posible.
- Supervisar la planificación con un asesor.

Vivir el presente

- Desconexión - Integración: momentos de parada a intervalos fijos o al cambiar de actividad.
- Meditación.
- Respiración consciente.
- Hacer el duelo al pasado (no pensar en lo que fue o no pudo ser).

Coherencia

- Actuar acorde a las creencias

Asertividad

- Concordancia entre sentimiento, pensamiento y resultado correcto

Ejercitar la capacidad intelectual

- Estudiar, leer.
- Escuchar música.
- Asistir a actividades culturales (museos, cines, etc.).
- Participar en actividades artísticas.
- Juegos mentales.
- Actuar con consciencia y atención.
- Doble atención (atentos a nosotros mismos sin distraernos de la
- actividad que realizamos).
- No dar paso a pensamientos negativos.
- Visualizarse en positivo.
- Expresar con claridad y solo en positivo.

Sexualidad y nivel intelectual

Las creencias derivadas de la educación en relación a la sexualidad han dificultado en gran manera vivir esta con naturalidad y satisfacción. Es imprescindible tener una mente abierta y libre ante los conceptos de sexo, sexualidad y erótica que facilite el desarrollo de la integridad sexuada de cada sujeto y permita a este relacionarse con otras personas sin sentimientos de culpa y sin miedo a represalias.

El Ser Humano es un ser sexuado con derecho a vivir la sexualidad que le permita su singular configuración, reconociendo que cada individuo tiene un sexo diferente no comparable y digno de ser respetado.

www.ingramcontent.com/pod-product-compliance
Lightning Source LLC
Chambersburg PA
CBHW021008090426
42738CB00007B/700